MAE'R DALL YN GWELD

£1·25
44

MAE'R DALL YN GWELD

Stori Bywyd Arthur Rowlands

ENID WYN BAINES

Tŷ ar y Graig

© Tŷ ar y Graig Ⓗ

ISBN 0 946502 14 5

Argraffwyd gan
Wasg Pantycelyn, Lôn Ddewi, Caernarfon

Cynnwys

Dymuna'r cyhoeddwyr gydnabod yn ddiolchgar ganiatâd i gynnwys lluniau fel a ganlyn:

Y Cymro, 7, 24
Sunday Express, 12
John Rea Studios, Amwythig, 14
The Press Association Ltd., 15
Sunday Mirror, clawr, 21
Dave Williams, Hen Golwyn, 22
George Thomas, Caernarfon, 23
Yr Herald Cymraeg (R. Wood), 25
St. Dunstan's, 26
Western Mail & Echo, 28, 29

Rhagair

'Roedd ymddiried y dasg o sgrifennu hanes bywyd Arthur Rowlands i mi fel gofyn i un na lwyddodd erioed wau jersi blaen fynd ati i wau un *fair-isle*. Er bod digonedd o edafedd wrth law, 'roedd gofyn didol a dethol a dirwyn yn ofalus. Gwnes hynny yn ôl fy mympwy. Diau y byddai rhywun arall wedi dewis cymysgedd gwahanol o liwiau, cynnwys mwy o hwn a llai o'r llall, ac y byddai hefyd, o bosibl, wedi bod yn fwy trylwyr wrth wlana, wedi llwyddo i ddal ambell i hen ddafad y collais i olwg arni.

Yn gam neu'n gymwys, dilyn cynllun o'm pen a'm pastwn fy hun a wnes i wrth wau'r cyfan at ei gilydd. Fe wêl y darllenydd fy mod wedi tynnu'n helaeth ar un bellen neilltuol. Pellen atgofion Arthur ei hun oedd honno. 'Roedd yr edefyn hwn mor werthfawr fel y bernais mai ffolineb ar fy rhan fyddai ymyrryd ag ef mewn unrhyw ffordd. Atgofion Arthur, felly, air am air fel y llefarwyd hwy wrthyf a ddefnyddiais yn sylfaen i'r gwaith. Fy nghyfrifoldeb a'm pleser mawr i fu cael gwau'r cyfan ynghyd, a chymeraf y bai am unrhyw dyllau a chlymau a welir yn y gwaith gorffenedig.

Fy ngobaith, wrth ollwng y gyfrol hon o'm llaw, yw ei bod, yn gyntaf, yn deyrnged deilwng o'i gwrthrych. Yn ail, ei bod hi'n deyrnged i'r holl bobl a fu'n gymorth i Arthur a'i deulu. Yn drydydd ac yn olaf, hyderaf y bydd hanes Arthur Rowlands yn ysbrydoliaeth i bawb a'i darlleno.

Mae nifer o bobl yr hoffwn ddiolch iddynt am eu cymorth.

Yn bennaf, diolch i Arthur ac Olive am eu croeso a'u caredigrwydd dros oriau meithion ar eu haelwyd yn Arenig.

Diolch hefyd, heb ddechrau enwi, i'r aelodau hynny o'r teulu y cefais y fraint o'u holi, ac i'r cyfeillion a ganlyn:

Glyn Jones, Y Bala; Harri Davies, Llanilar; Mari Wyn Jones, Llanymawddwy; J. Hywel Morris, Ffos-y-ffin; W. J. Glasfryn Lewis, Deganwy; William Jones, Llandudno; Idris a Nansi Jones, Abergynolwyn; Hubert a Mair Davies, Wrecsam; Lona Williams, Machynlleth a'i merch, Olwen Rhys; Dafydd W. Jones Williams, Rhydymain; J. Williams-Wynne, Tywyn; Elwyn Jones, B.B.C., Bangor; Dyfrig Williams, Yr Wyddgrug; Mair Trebor Roberts, Bae Penrhyn, ac Elwyn Edwards, Y Bala. Diolch i John Gwilym Jones a Gwyn Erfyl am ganiatâd i ddefnyddio peth o'u barddoniaeth.

Diolch i staff Llyfrgell Coleg y Brifysgol, Bangor, a staff Archifdy Gwynedd yn Nolgellau a Chaernarfon am wasanaeth gyda gwên.

Diolch i John Gwilym Jones, Bangor, am ei gymorth hael gyda'r proflenni ac am ei awgrymiadau buddiol; i'm cyfeillion yng Ngwasg Tŷ ar y Graig am eu hymddiriedaeth a'u hamynedd, ac yn olaf, i Ifor a'r plant am eu cefnogaeth.

ENID WYN BAINES

'You shouldn't have come . . . I'm going to kill you.'
'Don't be silly. Who are you? What are you doing
here? What's your name?'

Yng ngolau'r fflachlamp gwelai'r heddwas wyneb garw, mileinig, a ffroenau duon gwn dwbl-baril wedi ei lifio yn anelu'n syth tuag ato. Cymerodd gam yn nes. Eiliad cyn i'r ergyd ffrwydro yn ei wyneb fe glywodd y dyn yn ateb.

Enw'r dihiryn oedd Robert Boynton, a phan ymddangosodd ym Mrawdlys Caernarfon dri mis yn ddiweddarach 'roedd disgrifiad manwl yr heddwas o'i wyneb a'i wisg a'i eiriau'n rhan o'r dystiolaeth ddamniol yn ei erbyn. Dedfrydwyd ef i ddeng mlynedd ar hugain yn Ysbyty Meddwl Broadmoor.

Enw'r heddwas oedd Arthur Rees Rowlands, ac wyneb y gwallgofddyn oedd y peth olaf a welodd. Fe daniwyd y gwn i'w ladd, ond arbedwyd ei fywyd, a stori ryfeddol bywyd y dyn hwnnw a gollodd ei olwg gefn trymedd nos ar Bont-ar-Ddyfi a geir yn y llyfr hwn.

Plentyn y Plase

Yn y Bala ar y pedwerydd ar ddeg o Fai, 1922 y gwelodd Arthur Rees Rowlands olau dydd gyntaf, yr ail o chwech o blant a anwyd i Rice Edward Rowlands a'i wraig, Mary Elizabeth. Trebor oedd yr hynaf ac Arthur yn agos iawn ato, wedyn Winifred, Lisa, Dafydd John a Mair Rhys. 'Roedd dwy flynedd ar bymtheg rhwng yr hynaf a'r ieuengaf. Pan oedd Arthur yn blentyn bach, a hithau'n gyfnod o galedi ac argyfwng drwy'r wlad penderfynodd ei dad, fel llawer un arall, droi ei olwg tua Canada i geisio gwell byd i'w deulu, a Dafydd Evans, Tŷ'n Fedw, Bethel, ei frawd-yng-nghyfraith, gydag ef. Buont yno am oddeutu dwy flynedd yn 'towlu coed' ac yn gweithio ar ffarm anferth, ac 'roedd y rhagolygon yn dda y medrent wneud bywoliaeth iawn yno. Eu gobaith oedd y buasai'r gwragedd a'r ddau fachgen, Trebor ac Arthur, wedi ymuno â nhw yn y wlad bell, ond fel y clywodd y plant eu mam yn dweud lawer gwaith,

> 'Fedrwn i ddim mynd drost y môr mawr 'ne efo chi'ch dau.'

A'r môr mawr a orfu. Yn ei ôl i Benllyn y daeth Rice Rowlands a stôr o straeon difyr i'w ganlyn.

Yn y cyfamser, a'u tad dros y dŵr, 'roedd Trebor ac Arthur a'u mam yn byw gyda Taid a Nain Plase yn y Bala, ac er iddynt symud i fyw i Dŷ'n Twll, Parc, pan ddaeth eu tad adref, bu'r Plase fel ail gartref iddynt trwy gydol eu plentyndod. A chan mai oddi yno yr aeth Arthur i'r ysgol gyntaf, ac o ystyried y dylanwad mawr a gafodd ei daid a'i nain o ochr ei fam arno, cystal dweud gair amdanynt hwy ar ddechrau'r stori.

Rhes o dai gwynion oedd y Plase, yn llawn o gymeriadau diddorol, ac un o gyfoedion Arthur sy'n eu cofio nhw i gyd yw Glyn Jones, neu Glyn Goli fel y'i gelwir gan ei gyfeillion, a gadawn iddo ef eu cyflwyno.

'Dowch mi ddeud wrthoch chi sut 'roedden nhw'n mynd rwan. Annie Jones, Bob Yates, Sally Rowlands, Lisi Jones, wedyn Bob a Wini Griffith, taid a nain Arthur, Ned Clogwyn Brith, arweinydd Band y Bala, a Manfri Wood, y sipsi, ar y pen. Cofiwch chi hyn, 'roedden ni i gyd yn dlawd ond yn hapus, 'te. Wyddoch chi, ymhob un o'r tai ene 'roedd 'ne offeryn cerdd o ryw fath, ac 'roedd gan Manfri Wood ffidil.

'Roedd Bob Griffiths, ei daid o, yn gymeriad garw. Pawb yn hoff o Bob, ond mi fydden ni'r plant ei ofn o. 'Roedd genno fo wn dwbl-baril a phan fydde hi'n ddechre nosi a ninne'n dal i chwarae yn Cae Mawr fydde Bob yn deud,

"Damia'r hen fechgyn 'ne. Pam na ddon' nhw adre i nôl eu swper a mynd i'w gwlâu?"

Ninne'n dal i chware. Bob â'r dwbl-baril—Bang! Bang!

'Rargian, 'roeddwn ni i ffwr'! Oedden ni'n dwad adre fel bwledi!

'Roedd ei nain o, Wini Griffiths, yn ddynes dda iawn, agos iawn i'w lle. Capel bore, pnawn a nos.'

Dau pur wahanol i'w gilydd, felly, oedd Bob a Wini Griffiths, ac Arthur yn meddwl y byd o'r naill fel y llall.

Pysgota a saethu oedd hoff ddiddordebau Bob Griffiths a byddai Trebor ac Arthur wrth eu bodd yn ei gwmni. Wedi iddo ymddeol bu'n edrych ar ôl y cychod ar Lyn Tegid ac arferai'r bechgyn fynd â bwyd iddo i'r Tŷ Cychod. Un tro eisteddodd y ddau dan goeden yn Cae Mawr a bwyta'r brechdanau i gyd. Mae Trebor yn dal i gofio geiriau ei daid pan agorodd o'r tun gwag.

'Be 'dech chi 'di neud, y diawled bach?'

Byddent wrth eu bodd yn cael ei helpu i nôl cwch a dysgu rhwyfo, ei wylio'n gwneud plu a gwneud genweiriau, ac yn aml iawn, mynd allan efo fo ar y llyn i ddangos i'r byddigions sut i 'sgota. Dyn caredig iawn oedd Taid Plase, ond llym ei ddisgyblaeth, yn arbennig felly ynglŷn â dod i'r tŷ ar amser penodedig.

Yn ôl yr hyn a glywodd Arthur gan ei fam, byddai'r un mor ddeddfol ynglŷn â'r mater hwn gyda'i blant ei hun ag oedd gyda'i wyrion, ac 'roedd wedi perffeithio ei chwibaniad nes ei bod yn swnio fel enw Mary Elizabeth, mam Arthur, a'r un sŵn yn union a ddefnyddiai i alw arnynt hwythau.

''Roedden ni'n 'nabod y chwisl 'ma o bellter,' meddai Arthur, 'ac yn rhedeg nerth ein traed, ond weithie mi fydden ni dipyn bach yn ddrygionus, fel mae hogie, a dipyn bach yn hwyr yn cyrredd. ''I'ch gw'lau heb ddim swper'' fydde hi. Ac mi aethom fwy nag unweth, a fydde Nain, yr hen greadures, yn aros i Taid fynd am dro bach—mynd am rhyw beint neu at y llyn efo'r hen filgi—a fydde Nain wedyn, ar ôl iddo fynd, yn dod â rhyw frechdan neu ddwy i'r llofft inni! Ond 'doedd fyw inni godi rhag ofn i Taid ddod i'r tŷ!'

Er nad oedd yn gapelwr 'roedd Bob Griffiths yn parchu'r Sul a 'doedd fyw i bêl ddod i'r golwg y diwrnod hwnnw. 'Fase strap Taid allan!'

'Roedd Wini Griffiths ar y llaw arall, yn Fedyddreg selog a chofia Arthur yn dda fel y byddai'n cael mynd i gapel Pendref 'yn cydiad yn ei sgert' ac ar y trip Ysgol Sul, bob amser i'r Rhyl, efo hi a Taid.

'Disgyblaeth gadarn? Oedd,' meddai Arthur, 'ond fel 'ne 'roedden ni'n dysgu.'

A rhwng disgyblaeth a chalon fawr ei daid ac unplygrwydd a chalon feddalach ei nain teimla fod ganddo le mawr i ddiolch am y fagwraeth a gafodd yn y Plase.

Ond cyn troi cefn ar y Bala am y tro mae atgof neu ddau arall o eiddo ei gyfaill, Glyn Jones, yn haeddu eu cofnodi.

Fel y crybwyllwyd eisoes, 'roedd gan Bob Griffiths filgi, a'r hyn sy'n rhyfedd yw fod y milgi 'run enw â'i feistr, sef Bob. Ond i'r bechgyn Bob Taid oedd o, a byddai Arthur a'r bechgyn wrth eu bodd yn mynd â'r hen filgi i chwilio am wningod a'i weld yn clirio'r giatie fel mellten. I Arthur 'roedd Bob Taid yn gymaint ffefryn bron ag oedd Bob Griffiths, ei daid.

Gallech dyngu fod enwau'n brin tua'r Bala 'r adeg honno, gan mai enw Arthur ar Glyn oedd Dafydd, a Dafydd Jones fyddai Glyn yn galw Arthur, ac os digwydd iddynt gyfarfod hyd yn oed heddiw, Dafydd a Dafydd Jones ydi'r naill i'r llall. Mae'n siwr fod y llysenwau'n ddefnyddiol iawn, pan fyddai'r bechgyn wedi bod yn ddrygiog, i ddrysu pobl fel John Ellis, perchennog y Cae Mawr.

'Cofio John Ellis ar ein hole ni efo'i ffon am fynd drwy'r borfa un tro, tua dwsin ohonon ni, yn fechgyn a merched, bob cam i Lanycil. John Ellis yn dal i ddwad. Arthur a finne a'r giang yn dal i fynd—i fyny i dop y golff, i lawr Bryn-y-groes ffor'ne ac i'r Bala. 'Dw i'n siŵr bod 'ne dair milltir, a be ddaru ni ar ôl dwad i'r West End 'ma ond gwahanu, rhai ffor'ne a rhai i'r Plase ac felly y collodd o ni! 'Roedd Arthur yn y 'swim' honno hefyd a ninne'n gweiddi arno fo, "Ty'd o'ne, Dafydd bach!"

Yn y Plase ddaru Arthur a Trebor a finne ddechre cymryd diddordeb mewn pêl-droed, wyddoch chi, efo pêl bach ar y sgwâr tarmac caled o flaen tŷ taid a nain yr hogie. Yn fanno 'roedd y chwaraewrs yn cael eu codi. Postyn lamp a chornel garej yn gôl yn un pen a dau gap yn pen arall—a gofalu bod lori Dei Griffiths allan, yntê, achos fanno 'roedd o'n 'i chadw hi. Pêl bach, wrth gwrs. Dew, 'roedd 'no hen chwarae a'r bêl yn mynd i'r tai a thorri ffenestri a row fawr. Dewcs, ie!'

Pan symudodd y teulu o'r Bala i fyw yn Llidiardau ni chollodd Arthur gysylltiad o gwbl â'r Plase gan y byddai Trebor ac yntau'n dal i dreulio llawer o'u hamser yno ar ddydd Sadyrnau ac yn ystod y gwyliau. Ond yn awr daethant yn nes at gynefin eu rhieni. Cafodd eu tad waith ar y ffordd gyda'r Cyngor Sir a threuliai'r gweddill o'i amser yn helpu ei dad yn ei hen gartref, Wern Biseg. O hyn ymlaen fferm Wern Biseg, neu Gwern Busaig a rhoi iddi'r enw cywir, oedd nefoedd y bechgyn.

Fferm fynyddig yw Wern Biseg, y tir yn taro ar y mynydd a'r mynydd yn mynd i fyny i'r Arenig a thir defaid cynefin i fyny ar Fraich y Castell ac yn edrych i lawr ar Lyn Arenig. Mae'r Bala a chylch Penllyn a'r pentrefi o gwmpas yn cael dŵr o'r llyn. Arferid cadw rhwng tri a phedwar cant o ddefaid cynefin yn Wern Biseg ac o wyth i ddeg o wartheg godro. Dim digon o fferm i gadw'r bechgyn pan ddaeth yn amser iddynt adael yr ysgol, ond magwrfa ardderchog i rai oedd â'u bryd ar fywyd gwlad ac amaethu.

Merch Wern Biseg oedd nain Arthur o ochr ei dad, ond 'does ganddo ddim cof amdani hi. Dyn dwad i gylch Penllyn oedd ei daid, Robert Rowlands, mab Feidiog Fach, Trawsfynydd, ac ar un olwg, cymeriad tra gwahanol i Taid Plase.

Arferai Robert Rowlands gadw dyletswydd ar yr aelwyd yn Wern Biseg ac 'roedd yn aelod selog o gapel Llidiardau. Oherwydd ei fod wedi anafu ei goes a'i fod yn gloff, Dic, y ceffyl, a'i cludai i'r Ysgol Sul mewn car llusg. 'Roedd yn ddarllenwr mawr ac er na chafodd ddiwrnod o ysgol, dim ond un gaeaf o ysgol nos, 'roedd ei lawysgrifen yn werth ei gweld ac 'roedd wedi llwyddo i feistroli llaw-fer Gymraeg.

Ond mewn rhai pethau 'roedd Robert Rowlands yn debyg iawn i Robert Griffiths, y Plase. 'Roedd y ddau'n hoff iawn o bysgota a saethu, yn ddynion cryfion o gorff yn ymhyfrydu yn nerth bôn braich, a dyna elfen a etifeddwyd gan yr wyrion.

5

'Roedd yr arfer o ffeirio'n dal yn gryf iawn yng nghylch Llidiardau yn ystod dauddegau a thridegau'r ganrif, y ffermwyr yn helpu'r naill a'r llall i gynaeafu, i ddyrnu ac i gneifio, a chofia Arthur yn dda fel y byddai hi ar ddiwrnod cneifio yn Wern Biseg. Ffermwyr y fro yno i gyd ac yn dygnu arni drwy'r dydd efo'r gwelleifiau er mwyn cael gorffen yn gynnar a dechrau ar yr hwyl. Wedi i bawb gael llond ei fol o swper gan Anti Lis (ail wraig Robert Rowlands) allan â'r criw gwlanog a'i gwneud hi am y Cae Bach. Taid yn dod â'r gwn i'w ganlyn. Lluchio tun i'r awyr ac anelu i'w daro cyn iddo ddisgyn. Pawb yn rhoi cynnig arni. Wedyn nôl y 'coets' o'r llofft stabl ac ymryson coetio nes y byddai hi wedi mynd yn dywyll a'r hen Robert Rowlands ar ei ffon yn gystal coetiwr â neb. Blinder y dydd wedi ei lwyr anghofio mewn miri a sgwrs a mygyn, a phan ddôi'n amser, y cymdogion yn troi am adref ac yn diflannu i'r gwyll o un i un, a chlipian y gwelleifiau'n dal i atsain yn eu clustiau er fod gorchwyl mawr y dydd wedi hen ddod i ben. Y defaid yn dal i frefu am eu cynefin a'u hŵyn, a'r pentwr gwyn, bochiog yn y sgubor yn aros yn dystiolaeth fud i'r gymdogaeth gynnes, glos.

Y Dyddiau Difyr

Un o hoff ddywediadau Rice Rowlands, tad Arthur, oedd
'Ddaru gwaith erioed ladd neb', a chan ei fod ef ei hun yn
weithiwr caled, dygn, 'roedd disgwyl i'w feibion ddilyn ei
esiampl a gafael ynddi'n ifanc ar y ffarm, yn enwedig ar ôl
marw Taid Wern Biseg. Claddwyd Robert Rowlands yn
Ionawr 1936, ar yr un awr yn union â'r Brenin Siôr V, a
symudodd ei fab a'i deulu i fyw yn yr hen gartref.

Arferid llosgi mawn trwy gydol y flwyddyn yn Wern Biseg
a Thŷ'n Twll; mawn tywyll o'r Weirglodd ar ddiwrnod crasu
bara ac o dan y radell i wneud cacen gri, a mawn llacach o'r
Ffridd Fach y gweddill o'r amser. Dyletswydd y bechgyn
fyddai clirio'r twll lludw a chario mawn i'r tŷ. Yn ystod mis
Ebrill a dechrau Mai byddai'n rhaid torri digon am flwyddyn
a chofia Arthur yn dda am y tro cyntaf y bu'n rhaid iddo ef
fynd ati o ddifrif efo'r rhaw fawn.

 ' "Rhaid i tithe ddysgu fel pob un ohonom ni. Dilyn di
fi. Gwylia di be 'den ni'n neud.''

Dechre ar y geulan. Tynnu'r dorchen. Treb yn cael
hwyl reit dda arni, wedi dysgu flwyddyn ynghynt, ond
druan ohono i. Cyn diwedd dydd 'roedd gynna i
swigen fawr ar gleder fy llaw. Dangos hon rŵan, eisio
cael cydymdeimlad 'Nhad, 'te.

7

"Ylwch, Dad," medde fi. "dew, fedra i ddim pwyso ar ddwrn y rhaw rŵan. Mae gynna i swigen."

"Twt lol, 'ron i'n goro gneud yn d'oed ti," medde fo, "ac roedd fy mrawd wyth mlynedd yn hŷn na fi ac 'roedd Nhad yn gyrru arna i i 'neud. Dal di ati, ngwas i."

A gwasgu 'nannedd ddaru mi, wrth gwrs. Fyrsties i'r swigen, rhoi fy hances am fy llaw ac ail-ddechre, a fues i'n torri mawn drw'r dydd a'r diwrnod wedyn ac ar hyd yr wythnos. Clywed rywbryd wedyn fod Dad yn cyfadde wrth Mam—ar ôl inni fynd i'n gwlâu mae'n debyg—ei fod o reit falch 'mod i wedi ei sticio hi. Deud dim byd wrtha i. Un penderfynol oeddwn i hyd yn oed pryd hynny!'

A thrwy benderfyniad, ac o ddilyn esiampl eu tad a Thaid Wern Biseg, tyfodd y bechgyn hwythau'n weithwyr cryfion a daeth y dydd y medrodd y ddau dalu'r pwyth yn ôl i'w tad a'u gyrrodd mor galed. Ac yn addas iawn, ar y fawnog y bu'r ddrama fach honno hefyd.

'Mi dalwn ni'n ôl iddo fo!' meddai Trebor ar y ffordd i'r ffridd. 'Mi af i gynta a mynd fel cythgam. Gad i Dad fynd yn y canol a gwasga dithe ar ei gefn o.'

Felly fu. Y meibion yn torri fel ffyliaid a'r tad yn cael ei yrru fel olwyn gocos rhwng y ddau; dweud dim gair, dim ond sticio. A sticio wnaeth o drwy'r pnawn tan amser te.

Ar ôl cael tamaid o fwyd 'roedd yn bryd troi am y fawnog unwaith eto a gadael eu mam, yn ôl yr arfer, i odro.

"Rydw i am helpio'ch mam i odro,' meddai Rice Rowlands. 'Fedrwch chi wneud yn iawn, medrwch? 'Dech chi wedi dwad ddigon abl rŵan.'

Trebor ac Arthur yn dal i dorri nes iddi ddechrau nosi a phan aethon nhw'n ôl i'r tŷ eu mam yn mynd trwodd i'r cefn lle 'roedden nhw'n molchi.

'Be 'dech chi wedi bod yn drio'i wneud i'ch tad?'

'Be sy felly?'

8

'O, mi ddoth o adre a mi ddoth efo mi i'r beudy. Peidiwch chi ag edrych mor ddiniwed. Mae o'n dallt eich castie chi'ch dau. "'Rydw i'n gw'bod be odden nhw'n neud yn iawn," medde fo, "y tacle hefyd, yn trio fy lladd i!"'

Er iddo fynychu Ysgol Gordon Price yn y Bala, Ysgol y Parc ac Ysgol Ramadeg y Bechgyn yn y Bala, Arthur fyddai'r cyntaf i gyfaddef na fanteisiodd o fawr ar ei gyfle rhwng muriau'r sefydliadau hynny ac mae'n barod iawn i gydnabod mai ysgol profiad sydd wedi dylanwadu fwyaf arno.

Dysgai'r bechgyn droi llaw at bob gorchwyl o gwmpas y ffarm, pladuro, toi'r das fawn a throi, neu aredig, gyda'r wedd, ac wrth aredig y dysgodd Arthur un o wersi pwysicaf ei fywyd, sef mor bwysig yw torri cwys union.

'Os ydi rhywbeth yn werth ei wneud,' meddai ei dad, 'mae o'n werth ei wneud yn iawn. Cer di'n syth.'

'Doedd y gorchwylion y disgwylid i'r bechgyn eu gwneud ddim wedi eu cyfyngu i waith y tu allan i'r tŷ 'chwaith.

'Dowch o'ne hogie, helpiwch eich mam,' fydde hi.

Rhwng golchi a phobi, corddi a gwneud menyn, bwydo'r teulu a gofalu am Win a Lisa, a oedd rai blynyddoedd yn 'fengach na'r ddau hynaf, 'roedd gan Mary Rowlands fwy na llond ei dwylo, a 'doedd hi ddim yn beth anarferol gweld Trebor ac Arthur ar eu gliniau ar fore Sadwrn yn sgwrio'r lloriau llechi gleision.

Dynes addfwyn iawn oedd Mary Rowlands a'i chroeso'n ddihareb yn yr ardal. Byddai'r tecell yn canu bob amser ar ei haelwyd a phan ddigwyddai i rywun alw byddai'r lliain wedi ei daenu ar gornel y bwrdd mawr a phryd o fwyd wedi ei baratoi mewn munud a hynny heb dorri ar y sgwrs o gwbl. Gallesid tybio fod rheol sanctaidd yn bod i'r perwyl na chaniateid i neb fynd o'r tŷ heb damaid.

Fel yn hanes llawer un o'i bath, 'roedd caredigrwydd Mary Rowlands yn ymestyn tu hwnt i ffiniau'r cartref.

'Os medri di helpu rhywun, cofia wneud,' fyddai un o'i hoff ddywediadau hi, gan ychwanegu pwt a oedd yn ddryswch llwyr i Arthur ar y pryd, 'Gei di dy dalu yn y nefoedd.' Ac 'roedd un lle y byddai ei fam yn cyrchu iddo i roi help llaw yn amlach nag unlle, a 'doedd dim angen llawer o anogaeth ar Arthur i fynd i'w chanlyn. Cynythog Bach oedd y lle hwnnw.

Fferm bron am y terfyn â Wern Biseg oedd C'nythog Bach ac yno'n byw ar y pryd 'roedd Elizabeth Pugh, yn wraig weddw, ei chwaer hi, Marged Lewis, a'r mab, Hugh Dafydd Pugh, hen lanc a arhosodd gartref i ffermio gyda'i fam. 'Roedd ei frawd, Caradog, wedi priodi a symud i Fryn Newydd. Byddai mam Arthur yn mynd yno i helpu'r hen Dodo Puw, gwneud bara cyrch, golchi a gwneud menyn, a chofia yntau orfod torchi ei lewys lawer gwaith i olchi llestri a golchi'r llawr i'r hen wraig. 'A wnaeth o ddim drwg imi,' chwedl yntau.

Amser cynhaeaf gwair byddai Arthur wrth ei fodd yn cael mynd i G'nythog Bach i 'dwyso' a gwrando ar yr hen 'Dwalad a Dafydd Ifans, y ddau was, yn mynd drwy eu pethe. 'Roedd Dafydd Ifans wedi bod yn Mericia, a'i straeon am ryfeddodau'r wlad fawr honno'n well na llyfr i ymestyn dychymyg plentyn. ''Dwn i ddim faint ohonyn nhw oedd yn wir, ond, ew, 'roedden nhw'n ddiddorol,' meddai Arthur.

Ffefryn mawr Arthur yn C'nythog Bach oedd Hugh Dafydd Pugh. Byddai'n ei ddilyn i bobman fel ei gysgod, ac mae'n bosibl mai un rheswm am yr apêl at fachgen ifanc oedd y ffaith fod Hugh, yn ogystal â bod yn ffarmwr, yn fardd gwlad o'r iawn ryw. 'Roedd yn dipyn o freuddwydiwr o ran natur a phan ddôi'r awen heibio byddai'n estyn y llyfr bach a'r bensel o'i boced.

'Tyrd o'ne,' byddai'n dweud.
A gwaith Arthur fyddai sgrifennu'r cynnyrch yn y fan a'r lle, yn gymysg â nodiadau am ddyddiadau gwerthu ŵyn a gwartheg, pryd 'roedd y fuwch goch wedi cymryd tarw a phryd 'roedd yr hwch yn disgwyl moch, ac ef fyddai'n cael y fraint o'u hanfon drosto i eisteddfodau pell ac agos.

''Rydw i'n ei gofio fo'n mynd â fi—trêt mawr—i Green y Bala i weld y 'Wall of Death'. Weles i 'run cynt nac wedyn. Rhyw fachgen ar foto-beic tair olwyn yn chwyrnellu rownd a rownd fel tase fo mewn bowlen nes cymryd gwynt rhywun. Hugh'n mynd i'w boced cyn dod o'no, a dyma fo'r englyn:

Death Rider
Ar ingol lwybrau angall—anturiai
Ei hynt wrol, gibddall;
O ddyn gwych hawdd iawn y gall
Foduro i fyd arall.

A phwy welodd o wrth ddod allan ond Ifan Rowlands, Gistfaen, bardd arall. Deud yr englyn wrth Gistfaen.

"Ew, ardderchog," medde hwnnw.

Fyddwn i wrth fy modd yn gwrando arnyn nhw a 'dw i'n pitïo'n arw na faswn i wedi dysgu'r cynganeddion.'

Hugh Dafydd oedd perchennog y car cyntaf a ddaeth i ardal Waun y Bala, car top meddal a hwnnw'n dod i lawr, a buan y daeth y cymdogion i sylweddoli mor hwylus oedd y cerbyd.

'Er bod 'ne ddrws arno fo mi fed'sech chi gamu i mewn i'r car,' chwedl Arthur, 'ac mi fyddai Hugh wrth ei fodd yn cario pobl ynddo fo. Ond 'roedd y cymdogion, 'rydw i'n amau, yn tueddu i gymryd mantais ar Hugh. 'Roedd o mor ffeind. "Hugh, cer â fi i'r Bala," a "Faset ti ddim yn picio â fi i Lanuwch-llyn?" fydde hi, a Hugh'n mynd. Rhai'n talu am betrol, mae'n siŵr, ond pur anaml y byddai eraill yn cydnabod. Y diwedd fu i Hugh gael digon ar glywed pobl yn dweud "Diolch yn fawr" a chlep ar y drws, a hyn sy tu ôl i'r englyn i'r 'ffôr-whilar'.

Ffarweliais â'r ffôr-whilar—hapus wyf
Dim 'push on' na denjar;
Gwell dau droed a choed na char—mi wnaf lw
Na chlywed 'Tenciw' a chloi y tincar.

11

'Roedd y ffordd 'r adeg honno'n mynd drwy fuarth C'nythog Bach, giat yng ngwaelod y buarth ac un arall yn y top. 'Roedd hi'n drafferthus iawn ac mi aeth y Cyngor Sir ati i wneud ffordd osgoi. Un o Sir Aberteifi, Joseph Evans, Jo Ifans neu Cardi i bobl yr ardal, oedd y syrfewr ar y pryd ac arferai wisgo trowsus melfared go lydan.

'Roedd Cardi'n dipyn o boen yn dwad heibio o hyd i weld sut 'roedd y gweithwyr yn gwneud y ffordd a 'doedd dim llawer o Gymraeg rhyngddo ef a Hugh. 'Roedden nhw wedi tynnu darn o wyneb y cae ac wedi mynd i lawr i glai ac eisio tynnu mwy i gael sylfaen. A rhyw fore Sadwrn mi ddoth y pen-syrfewr H. E. Davies a Chardi heibio ac mi âth y car i'r clai, a'r peth nesa welwyd oedd y ddau ar y buarth, a Cardi'n cyflwyno'r pen-syrfewr i Hugh Dafydd ac wedyn,

"Mr. Piw, oes modd cael menthyg ceffyl ne rwbeth?"

"Be sy mater?" medde Hugh, a'r hen Gardi'n dweud ei helynt.

Ac 'rydw i fel 'tawn i'n clywed ei lais o'n ateb. "Ho-ho!" medde fo.

Dau swyddog wedi suddo—yn y clai
Heb un clên i'w cludo,
Cardi rhacs mewn cordirô
Hen ffasiwn yno'n ffosio.

'Roedd yr arian yn brin 'r adeg hynny ac mi fydde Jo Ifans yn gwneud pytie o ffyrdd efo concrid a gorfod gadael y gwaith heb ei orffen yn aml. 'Roedd o'n ddyn peniog iawn, o flaen ei oes. Mi gafodd o'r enw Concrid Jo, a dyma un arall a wnaeth Hugh iddo fo.

Ifans a'i hen gau ofer—a'i leidiog
Ffordd lydan ers amser,
Â'i fyr blwc, syrfewr blêr,
Hir hynod ar ei hanner.'

12

'Roedd Hugh yn hoff iawn o ddefaid, a rhwng bod yn chwim iawn ar ei droed ac yn un ag asgwrn main iawn ganddo, ac oherwydd hynny'n un gwych am dynnu oen, 'roedd yn fugail tan gamp. Un gaeaf daeth yn eira mawr yn sydyn dros nos a chyn i'r ffermwyr gael cyfle i hel y defaid i ddiogelwch 'roedd cannoedd ohonyn nhw ar goll o dan y lluwchfeydd. Mae Arthur yn cofio cael ei yrru i helpu Hugh i chwilio am y defaid. Cychwyn efo rhawiau a ffyn. Gwthio'r ffyn i'r eira yma ac acw. Taro'n lwcus ambell dro. Teimlo corff meddal dafad yn rhoi o dan flaen y ffon. Ond gwaith araf a llafurus oedd pwnio'r eira a phob awr yn cyfrif. Yn sydyn fe sylwodd y ddau ar Sweep, y ci, yn crafu'r eira fel peth gorffwyll. Turio a chanfod defaid yn fyw. Dilyn Sweep wedyn. Hwnnw'n rhyw hanner grafu'r eira gan wneud sŵn crio. Turio eto a chanfod defaid marw. O dipyn i beth, sylweddoli fod Sweep, nid yn unig yn gallu synhwyro'r defaid o dan ddeg troedfedd o eira, ond ei fod hefyd yn gwybod p'run ai byw ai marw oedd y defaid. Aeth y stori ar led a bu Sweep yn cynorthwyo'r ffermwyr cyfagos i chwilio, a chymaint oedd ei gamp fel y cyfansoddwyd cyfres o englynion i'w feistr ac yntau. Fe'u cyhoeddwyd yn *Y Cyfnod* 29.3.'37 dan y ffugenw, Cyfaill.

> 'Chydig o ddiolchiadau—i gyfaill
> A gofiodd ein preiddiau,
> Heb flino r'odd ei orau
> Hwyr ei ddydd wrth eu rhyddhau.

> Yr eira lle bu'r arwr—hwnnw'n mynd
> Ond y mae y cefnwr
> Heddiw i'w gael os bydd gŵr
> Mewn eisiau cymwynaswr.

> Eleni mewn galanas'—bu dy help,
> Bu dy waith yn eirias,
> Af i lw y cefaist flas,
> Mi wn, wrth wneud cymwynas.

Olion dy draed a welid—yn y storm,
　　Buost wir gadernid,
　　Er y lluwch, y rhu a'r llid,
　　Rhoddaist i'r praidd eu rhyddid.

Hecrwn nad oes un sicrach—efo'i sent
　　Na fu "Sweep," na'i gallach,
　　Ni welir 'run anwylach;
　　Bu darian byd i'r oen bach.

Diolch hyd byth heb dewi,—yn wyrthiol
　　Cynorthwy roist inni.
　　Dy weithred, mewn caledi,
　　Fo ar gof, a'th werthfawr gi.

Achubwyd llawer o ddefaid. Caed rhai'n fyw ar ôl cymaint
â phum wythnos o dan eira, yn rhy wan i symud, wrth gwrs,
ond wedi eu llusgo i'r sgubor ar fath o sled byddai Hugh'n
cario grual iddyn nhw a gofalu amdanynt fel plant bach.
　　Cymeriad diddan oedd Hugh Dafydd Pugh, ffeind wrth
ddyn ac anifail, a dyn yr oedd helpu ei gymydog mor naturiol
iddo ag anadlu.

Y Llencyn Llon

Yn ystod y blynyddoedd cyn yr Ail Ryfel Byd 'roedd bywyd yng nghefn gwlad Cymru'n galed. Yng nghylch Penllyn, fel mewn llawer ardal arall, byw o'r llaw i'r genau yr oedd y rhan fwyaf o'r teuluoedd heb nemor ddim o'r moethau y gwyddom ni amdanynt. Allan o'r caledi hwnnw y tyfodd cymdeithas o bobl garedig, gymwynasgar a chymdogol, ac nid mater o aros am wahoddiad a churo drws yn foneddig-aidd a olygai byw'n gymdogol yr adeg honno, ond yn hytrach bloedd o 'Oes 'ma bobol?' wrth nesu at y tŷ cyn cerdded i mewn, gan wybod fod yno groeso. Un o gyfoedion Arthur, sy'n cofio'n dda am y gymdeithas yn y rhan hon o Feirion a fagodd gewri, yw Harri Davies, Llanilar erbyn heddiw, ond mab Cwm, Bethel, bryd hynny.

'Mewn bwyd yn unig,' meddai, 'yr oedden ni'n well allan ar y ffermydd 'r adeg honno. Am y dillad, wel, gwell clwt na thwll oedd hi, a chlwt o raid oedd o bryd hynny, nid er mwyn ffasiwn fel sy heddiw. 'Doedd y fath beth â gwylie ddim yn bod, dim ond mynd i aros at fodryb, efalle, am ychydig o ddyddie, ac fe fydde Arthur yn dwad i Dŷ'n Fedw at ei fodryb, ac fel pawb arall a ddôi i Dŷ'n Fedw, fe fydde'n siwr o ddwad draw acw i'r Cwm er fod hanner milltir rhwng y ddau le.'

15

Fel yr awgrymwyd eisoes, 'roedd diddordebau'r tu allan yn llawer mwy atyniadol i fachgen fel Arthur na'r addysg ffurfiol a gynigid iddo yn yr ysgol. 'Roedd ganddo, serch hynny, feddwl mawr o'i brifathro yn Ysgol y Parc, y diweddar R. G. Roberts. Câi flas ar wersi daearyddiaeth, hanes ac arlunio, ond go brin y rhoddodd achos i'r prifathro gofio amdano ar wahân i'r tro anffodus hwnnw, flynydd-oedd yn ddiweddarach, pan gafodd ei hun, yn llythrennol felly, wrth ei draed. Ym mhentre'r Parc y digwyddodd hynny. Mae gallt serth iawn yn arwain i'r pentre o un cyfeiriad ac ar yr ochr arall mae pont, pont yn codi fel crwper mochyn yn ei chanol — i'r dim i grymffastiau anturus yr ardal ymryson ehedeg ar eu beiciau. Ar y diwrnod dan sylw 'roedd Arthur a'i ffrindiau am y gorau'n ceisio perswadio'u beiciau, wedi cael digon o wib i lawr yr allt, i roi naid glir drwy'r awyr wrth i'r olwynion ffarwelio â'r ffordd ar ben y codiad. Yn anffodus, mae tro sydyn yn y ffordd yn union ar waelod yr allt, ac yn fwy anffodus fyth, pwy oedd yn digwydd cerdded yn hamddenol rownd y gornel pan ddaeth tro Arthur i godi ehediad ond tri o hynafgwyr parchusaf y fro, Ellis Davies, Hugh Jones ac, yn union yn llwybr y beic, ei gyn-brifathro. Trwy ryfedd wyrth 'doedd 'run o'r ddau fawr gwaeth, ond bu'r gwrthdrawiad yn wers ymarferol gofiadwy i'r beiciwr a fyddai cyn bo hir yn gyfrifol am ofalu bod eraill yn dilyn rheolau'r ffordd fawr!

Yn 1934 llwyddodd Arthur, er gwaethaf ei ddiffyg ymroddiad, i basio'r arholiad a chael mynediad i Ysgol Ramadeg y bechgyn yn y Bala. Am y tair blynedd a dreuliodd yno dywed Arthur,

'Mae'n rhaid imi gyfadde na wnes i ddim llawer o'm hysgol. Hwyrach fod hwnnw'n un o'r beie mawr — cael mantais i wneud rhywbeth a ddim yn ei wneud o.'

Mae Harri Davies, neu Harri Cwm fel y'i gelwid pan rannai ddesg ag ef yn yr ysgol, yn dod o'r un math o gefndir yn union ag Arthur, ac mae ganddo resymau digon teg i'w cynnig am y ffaith nad oedd bechgyn y wlad, ar y cyfan, yn disgleirio yn Ysgol Tŷ Tan Domen.

'Wedi gweld chwaneg o'r byd,' meddai, ''roedd rhywun yn sylweddoli ein bod ni'n waeth allan mewn pethe materol nag y buasen ni 'tase'n tade ar y dôl mewn tref. Ac wrth gwrs, 'roedd symud o ardal gymdogol fel y Parc neu'r Sarne i'r Ysgol Ramadeg yn newid dychrynllyd. 'Roedd y *Welsh Not* wedi gorffen yn yr ardaloedd yna cyn ein hamser ni a Chymraeg oedd y cyfrwng yn yr ysgol elfennol — 'dw i'n cofio dim byd arall — ac 'roedd hi'n dipyn o sioc inni fynd wedyn i ysgol lle 'roedd yr addysg yn gyfan gwbl trwy gyfrwng y Saesneg.'

Cofiwn mai am yr ysgol hon y canodd Dafydd Iwan mor ddeifiol am y

'Lessons History, Lessons Geography, Lessons English o hyd ac o hyd'

ac er na chrybwyllodd ef Scripture, Saesneg fyddai'r iaith yn y wers honno hefyd. Fel bachgen a fagwyd yn sŵn Cymraeg William Morgan, chwithig dros ben oedd i Arthur orfod darllen, un dydd, hanes llabyddio Steffan ar goedd yn yr iaith fain. Go brin y daethai'r enw Stephen erioed i'w glyw a'r peth mwyaf naturiol dan haul, pan ddaeth ar ei draws, oedd iddo ddarllen *'And they stoned Steffan'*. Naturiol hefyd oedd i Arthur, o'r foment honno, gael Steffan yn llys-enw. O gofio'r dewrder a ddangosodd yntau, flynyddoedd yn ddiweddarach, yn wyneb gwallgofrwydd, rhyfedd mor broffwydol addas oedd yr enw.

Dywed Harri Davies,

''Roedd o'n cymryd rhyw flwyddyn neu ddwy ichi ddygymod â'r sefyllfa yn yr Ysgol Ramadeg—fel pobl wyllt o'r topie! Ac wrth gwrs, 'roedd 'na dueddiad i blant oedd yn byw yn y Bala beri ichi feddwl eu bod nhw'n byw yn un o ddinasoedd mwya'r greadigaeth.

17

Fe gafodd rhai fel fi ail-gyfle i fynd i goleg wedi gadael y fyddin, ond o edrych ar fy nghyfoedion yn y dosbarth 'rydw i'n meddwl mai un o'r pethe oedd yn ein dallu ni yn y cyfnod hwnnw oedd y syniad nad oedden ni ddim i fod i fynd ymhellach. Os oeddech chi wedi cael y matric 'roeddech chi wedi cyrraedd y pinacl. Yr uchelgais oedd gadael. 'Rydw i'n cofio bachgen yn gadael o'r pedwerydd dosbarth i fynd yn lanhawr ar y lein ac 'roedden ni i gyd yn meddwl ei fod o'n lwcus gynddeiriog. Rhyw gymryd pethe fel y doen' nhw y bydden ni, ac eithriade oedd y rhai aeth ymlaen i goleg. 'Roedd y teuluoedd yn fawr a'r amgylchiade'n anodd ac 'roedd rhywun yn sylweddoli ei bod hi'n economaidd amhosib' inni gael addysg bellach.

'Roedd yna dueddiad i blant y wlad fod â diddordeb mewn chwaraeon. 'Roedd y cyhyre ganddyn nhw, ac 'roedd Arthur, yn y cyfeiriad yne'n neilltuol.'

Allan ar y caeau, felly, yn hytrach nag yn gaeth wrth ei ddesg yr oedd Arthur hapusaf. Ar ddiwrnod mabolgampau'r ysgol dôi lluchio pwysau'n rhwydd i'r bachgen a fagodd fraich gref wrth weithio ar y ffarm yn Wern Biseg, ac i un a gerddodd filltiroedd o fynydd-dir ar ôl y defaid yng nghwmni Hugh Dafydd Pugh 'roedd ennill y ras filltir mor rhwydd â chwibanu. Cyn gadael yn bymtheg oed yn 1937 'roedd Arthur wedi cynrychioli'r ysgol fel aelod o'r tîm criced a'r tîm pel-droed, ac mae ganddo atgofion byw am y dyddiau pan oedd cicio pêl yn bennaf difyrrwch ganddo.

'Weles i ni'n chware ar ros Tŷ Cerrig,' meddai, 'cicio swigen fochyn yng ngole'r lleuad a hithe'n farrug mawr. Chware nes oedden ni'n chwys diferol ac anadl yr hogie'n codi fel mwg. Sgidie cryfion, wrth gŵrs. Syndod bod neb wedi torri ei goes. A mi god'son ni dîm i chwarae yn erbyn Llanuwchllyn.

'Roedd gynna i ewythr, Yncl Robert John (R. J. Griffiths) brawd Mam, yn byw yn y Bala ac 'roedd o'n chwaraewr eitha da. 'Roedd o tua deng mlynedd yn hŷn na fi ac yn dal i chware. Peryddon oedd yn sgwennu i'r *Seren,* papur bro'r Bala, am bob gêm a 'dw i'n cofio iddo sôn un tro am y ddau frawd, sef Trebor a minne, yn chwarae efo'u cefnder. Galw f'ewythr yn gefnder. Ew, 'roedd o wedi ei blesio'n fawr!

Fu Trebor a minne'n chware i dîm dan 16 y Bala, y *Blue Birds* ac wedi hynny i dîm y Parc yn y *Bragdy Cup.*'

Yn y Bala bob mis Ebrill, fel y byddai'r dydd yn ymestyn, arferai holl dimau'r ardal chwarae am Gwpan y Bragdy, y cwpan yn rhodd gan Cyrnol Rigg o'r hen fragdy yn Llanycil a'r elw'n mynd tuag at Ysbyty Gobowen. Pob capel ac eglwys bron ym mhum plwyf Penllyn yn codi tîm, dau o Lanuwchllyn, tîm o Lanfor, Llandderfel, Y Waun, a Chwmtirmynach. O'r Bala ei hun byddai timau'r Capel Bach a'r Capel Mawr, yr Annibynwyr a'r Eglwys a brwdfrydedd anhygoel ymysg y chwaraewyr a'r gwylwyr. Mae 'nhw'n dal i chwarae am y cwpan heddiw, ond bryd hynny, chwedl y gôl-geidwad o'r Bala, Glyn Jones,

"Roedd pawb yn dod, pawb o bobman, Griffith Rees, y Prifathro o'r Coleg, a Phillips cyn hynny. Pawb. 'Dw i'n meddwl mai tair ceiniog i ferched a phensiyn-wyr a chwech i oedolion fydde'r tâl, a weles i gael dros ganpunt ar y giât yno.'

Fe fyddai yno hen hwyl ac mae stori am yr hen John Owen Jones, pen blaenor y Parc a chefnogwr brwd i'r tîm lleol yn dweud am Arthur, a chwaraeai fel cefnwr pur barod ei ben,

'Trueni am Arthur druan, yn methu mynd oddi ar ffordd y bêl ac yn cael ei daro ar ei ben o hyd.'

19

Un o gefnogwyr selocaf tîm y Parc oedd Mari Wyn, merch Pantyneuadd, lle'r aeth Arthur i weini wedi gadael yr ysgol. Mae ganddi gof byw am yr anffawd a ddigwyddodd iddi hi un tro pan aeth i ormod o stêm wrth gefnogi'r bechgyn.

''Roedd y brwdfrydedd wedi codi i'n penne ni i gyd wrth inni wylio'r chware a minne'n pwyso'n drwm ar y wifren las i weld beth oedd yn digwydd draw. Yn sydyn collais fy nghydbwysedd, a dyna lle 'roeddwn i'n rholen braf yn balansio ar y wifren, yn pwyso ar fy nwylo'r ochr draw ac yn methu a chael 'swing' yn ôl! Ond daeth gwaredigaeth. Rhoddodd Kit Cnythog ei phwys ar fy sodle — a dyne fi'n ôl ar fy nhraed. Fedrwn i ddim codi 'mhen wedyn — dychmygu faint o olygfa gafodd y rhai o' nghwmpas i! Dim ond disgwyl mai llygadu'r bêl yr oedden nhw a bod rhywbeth digon cynhyrfus wedi digwydd ar y cae ar y pryd!'

Y gweinidog yng Nghapel y Parc yn ystod plentyndod Arthur oedd y Parchg. William Jones. Ar wahân i'r ffaith bwysig ei fod bob amser yn cario fferins i'r plant yn ei boced, yr argraff sy'n aros gydag Arthur yw ei fod yn ŵr Duw yng ngwir ystyr y gair a'i garedigrwydd a'i hunanaberth yn esiampl i bawb.

Bob blwyddyn byddai'r plant yn dysgu adnodau dirifedi tuag at Ŵyl yr Ysgol Sul yn y Bala, tasg a fu'n help i ddatblygu'r cof eithriadol sydd gan Arthur, y cof y bu mor dda iddo wrtho lawer tro yn ei waith fel heddwas, ac yn fwy fyth felly wedi iddo golli ei olwg. Am y gorau fydde hi i ddysgu'r adnodau a châi Arthur gryn flas ar y cystadlu. Ond nid felly gydag Eisteddfod fach y Parc. Yr unig dro iddo gystadlu ar ganu'n gyhoeddus oedd yn yr eisteddfod honno ar yr eitem canu penillion i un heb ennill gwobr o'r blaen.

'Pan ddechreues i ganu yn y sêt fawr 'doeddwn i'n gweld neb,' meddai, 'ond mi es trwyddi rywsut ac mi ges gydradd gyntaf. Wili Pugh oedd yn beirniadu ac mi fuo'n garedig iawn.'

W. H. Pugh a'i wraig, Gwen, o Gastell Hen, neu 'Styllen ar lafar gwlad, oedd y rhai a lafuriodd i ddysgu sol-ffa a cherdd dant i genedlaethau o blant yr ardal a bu eu dylanwad yn ddifesur. Ym mhlant Mary a Rice Rowlands fe gawsant ddisgyblion parod. O ochr eu taid, Robert Rowlands, 'roeddynt yn disgyn o deulu neilltuol o gerddorol. 'Roedd ef ei hun yn darllen hen nodiant a sol-ffa ac yn berchen llais bas cyfoethog. Mab i frawd iddo oedd Ted Rowlands o Drawsfynydd, y bariton a swynai'r cynulleidfaoedd, yn arbennig wrth ganu deuawdau gyda Moses Hartley Hughes, a'r ddau ohonynt yn aelodau o barti enwog Trawsfynydd. Mab i frawd arall oedd Defi Rowlands, arweinydd Côr Meibion Dolgellau a'r Cylch am dros ddeugain mlynedd, a chwaer iddo yntau oedd y gantores, Dorothy Rowlands.

Cofia Arthur iddo, yn blentyn, ddechrau swnian am gael dysgu canu piano, ond yr ymateb a gafodd oedd,

'I be? Merchaid sy'n chwarae piano,'

a bu'n rhaid aros nes bod Win a Lisa'n barod i ystwytho'u bysedd cyn y caed offeryn ar yr aelwyd. Fodd bynnag, 'roedd *pitch-fork* eu taid wrth law bob amser, a thrwy ei ddiddordeb ef a Gwen a Wili Pugh fu'r plant fawr o dro'n meistroli dirgelion cerdd dant. Byddai Trebor, fel ei chwiorydd, yn canu yn yr eisteddfodau lleol a bu'n aelod selog o driawdau a phartïon cerdd dant yr ardal am flynyddoedd. Un arall a fu'n fawr ei ddylanwad arnynt yn y maes hwn oedd Caradog Pugh, brawd Hugh Dafydd, C'nythog Bach. 'Fo ddysgodd Gwyndaf,' meddai Arthur. Mae'r ffaith honno, ynghyd â'r ffaith iddo ddysgu Lisa, chwaer Arthur, Lisa Erfyl wedi hynny, heb sôn am lu o rai eraill, yn ddigon i sefydlu lle Caradog Pugh ochr yn ochr â Gwen a Wili Pugh fel y rhai a gadwodd gerdd dant yn fyw ym Mhenllyn. Lisa oedd arweinydd Côr Cerdd Dant Trawsfynydd a ddaeth yn fuddugol yn Eisteddfod Genedlaethol Llangefni 1957 a Chôr

Cerdd Dant Caerdydd a enillodd yr un gystadleuaeth deirgwaith yn olynol, '67, '68 a '69.

Un swil oedd Arthur, fodd bynnag, a chystadlu a sefyll ar lwyfan yn groes iawn i'w natur ac ni bu erioed yn ganwr, ond oherwydd ei gefndir teuluol a thrwy ddylanwad y rhai a enwyd, teulu 'Styllen a Ch'nythog Bach, magwyd ynddo hoffter tuag at farddoniaeth ac at gerddoriaeth o bob math, 'y pethe clasurol, côre meibion a cherdd dant yn arbennig.' Daeth yn eisteddfodwr brwd a'i ddiddordeb yn ddwfn yn y 'pethe'.

Ond i ddychwelyd at Gapel y Parc. 'Roedd rhwng dwy filltir a thair o gartref Arthur i'r capel, ac yn ôl arfer cefn gwlad, byddai croeso i'r plant o bell yng nghartrefi'r aelodau agosaf i ginio a the ar y Suliau. I ffarm Pantyneuadd y gwahoddid Trebor ac Arthur bron yn ddi-feth ac er gwaethaf y dillad gorau a chyfyngiadau dydd yr Arglwydd byddai hwyl iawn i'w gael rhwng yr oedfaon yng nghwmni Bryn, y mab.

Dros y blynyddoedd gwelodd Ellis a Jane Davies, Pantyneuadd, Arthur yn tyfu'n fachgen cryf, cyhyrog a phan adawodd yr ysgol, a hwythau angen wagner, pwy'n well ar gyfer y gwaith na mab Wern Biseg? Ar ôl cyfnod byr yn gweithio gartref aeth Arthur, yn un ar bymtheg oed, i weini ym Mhantyneuadd.

Pantyneuadd

Gallasai troi allan i'r byd i ennill ei damaid am y tro cyntaf fod yn brofiad ysgytwol i lanc ifanc, ond wrth iddo gerdded y tair milltir o Wern Biseg i Bantyneuadd yng ngwanwyn 1938 'roedd calon Arthur yn ysgafn. 'Roedd yn mynd at ffrindiau. 'Roedd yn adnabod ei gyflogwr, Ellis Davies, a'i wraig ac yn ffrindiau mawr efo'r plant, yn enwedig Mari Wyn a Bryn y soniwyd amdanynt eisoes, y ddau agosaf at ei oed. 'Roedd o hefyd, wrth gwrs, yn hen gynefin â gwaith ffarm a'i dad a'i daid wedi gofalu ei fod yn medru troi ei law at y gwahanol orchwylion. A phetai pwl o hiraeth yn dod drosto cyn iddo ddod yn amser mynd adref i gael dillad glân, yr un faint o ffordd yn union oedd y tair milltir yn ôl i Wern Biseg. Ond fel y digwyddodd, cafodd ei dderbyn fel un o'r teulu ac ni ddaeth yr hiraeth i'w gnoi.

'Roedd tri phen i'r wedd ym Mhantyneuadd a chyfrifoldeb go drwm ar fachgen un ar bymtheg oed oedd gofalu amdani. Fodd bynnag, cymrodd Arthur at y gwaith ar ei union ac mae ganddo atgofion byw iawn am y cyfnod a dreuliodd ar y ffarm.

''Roedd hwnnw'n amser hapus iawn,' meddai. ''Doedd orie gwaith ddim yn cyfri. O fore tan nos oedd hi, yn enwedig yn y c'naea. Mi fydde'r c'naea

23

gwair yn para tua chwech wythnos. Fyddwn i'n cael gwybod y noson cynt. ''Mae eisie torri'r cae a'r cae — a thorra ddarn go lew cyn iddi fynd yn rhy boeth.'' Nôl y wedd i mewn a hithe prin wedi g'leuo. Dod â nhw i mewn i'r stabal. Ruby, yr hen gaseg, a Sam, y ceffyl. Gwisgo amdanyn nhw a mynd ati i dorri. Wedyn fydde Dei Morris, y mab, yn dod allan a deud, ''Dyna fo. Gymra i drosodd 'rwan. Cer i nôl tamaid o fwyd.'' Yn ôl wedyn ar ôl brecwast, a fyddwn i wedi gorffen erbyn tua hanner awr wedi deg y bore. Mynd â'r wedd i mewn am dipyn bach — wrth y bydde hi wedi chwysu — a'i gollwng hi allan wedyn.

Ar ôl cinio fydden ni'n tannu 'stodie efo cribinie bach, chwech neu saith ohonom ni, gan gynnwys y merched. Fydden ni'n defnyddio chwalwr hefyd i dannu 'stodie cyn mynd ati i rencio, rhoi'r ceffyl wrth y gribin rhencio. Defnyddio'r tymblar wedyn. Rhoi rêns wrth y gaseg a chlymu'r pen arall wrth fy mreichie. Fydde'r gaseg yn cerdded y rhenc wair a'i hel o'n fwdwl, ac wedi hel digon 'fydden ni'n troi i ffwrdd o'r rhenc a mynd a fo i'r heulog.

Clamp o fwdwl mawr, mawr oedd heulog. Wrth wneud heulogod 'roeddech chi'n medru hel llawer o wair yn gyflym pan fydde'r tywydd yn ffafriol ac wedyn 'doedd dim yn rhaid cael cystal tywydd i'w gario fo i'r helm. 'Roedd hi'n bwysig iawn bagio canol yr heulog yn iawn, ei sathru o'n dynn rhag iddo fo lyncu dŵr.

Cario'r gwair wedyn. Rhoi'r ofarga'fanne ar y drol i'w hymystyn hi ar y tu ôl ac ar y tu blaen, dros gefn y ceffyl. Un yn codi'r gwair efo picfforch a'r llall yn y drol yn llwytho, llwytho'n ofalus, y corneli blaen gynta ac wedyn ei gloi o efo cowled iawn yn y canol. Mynd i'r tu ôl wedyn, dilyn yr un patrwm a gofalu llenwi'r canol yn iawn o hyd.

Adeg y c'naea fydden ni'n cael siot ganol y bore, bara cyrch wedi ei grasu gartref, hwnnw mewn powlen fach a llaeth enwyn am ei ben o. Ew, fyddwn i wrth fy modd yn cael hwnnw. Fydden ni'n mynd â glastwr efo ni i'r cae hefyd pan fydde hi'n boeth a chael te yn y cae yn aml iawn.

Wrth gwrs, 'roedd 'ne lawer o dir garw ym Mhant'neuadd. Fed'sech chi ddim mynd â'r gaseg a'r injan wair i'r ceunentydd. 'Roedd yn rhaid defnyddio'r pladurie yn fanno, a rownd y cerrig ac efo'r cloddie. Torri gwair rhos wedyn. 'Roedd 'Nhaid yn arfer dweud fod yn rhaid ichi dorri gwair rhos nes oedd o bron yn sefyll ar ei draed ar ôl i'r bladur fynd trwyddo fo. Os nad oedd gynnoch chi fin, 'roedd hi wedi darfod. 'Roeddwn i wedi dysgu defnyddio'r stric i hogi'n ifanc iawn. Darn o bren oedd hwnnw, yn cael ei gadw ar goes y bladur. Fyddech chi'n rhoi bloneg arno fo, rhoi grit ar y bloneg a'i rowlio fo i mewn efo hen botel, ac efo hwnnw y byddech chi'n hogi. O'i wneud o'n iawn mi gaech chi fin fel rasel.'

'Roedd Howel Wood, y sipsi, yn byw ym Mhantyneuadd ar y pryd. Bu'n gwneud ei gartref yno am ddeugain mlynedd a cheir peth o'i hanes yn *Y Sipsiwn Cymreig* gan Eldra Jarman ac A. O. H. Jarman. Ond er cystal giamstar oedd Howel ar y crwth 'doedd o'n cael fawr o hwyl ar hogi, fel y tystia Arthur.

'Hogi'n grwn bydde Howel, a fyddwn i'n ei helpu o, er mod i gymaint 'fengach. Cymeriad hoffus iawn oedd o, ond ichi ddod i ddeall ei ffordd o. Fydde'n rhaid ichi siarad yn ofalus efo Howel, ei ganmol o a'i swcro fo, a fyddwn i'n gofyn,

"Ga' i roi 'chydig o fin iti, Howel—er—dew, 'dydw i ddim llawer gwell na ti chwaith?" '

Dôi'r cynhaeaf ŷd yn ei dro a chofia Arthur am y tywydd drwg a gaed un flwyddyn. Ar ôl gafra, sef casglu'r ŷd yn ysgubau â'r dwylo, 'roedd yn rhaid casglu pedair o'r 'sgubau at ei gilydd a chlymu eu pennau i wneud sypiau i ddal y gwynt. Yr ŷd allan am wythnosau wedyn a rhaid oedd mynd ati i lacio'r rhwymiad am fod y pennau'n dechrau tyfu. Trafferth mawr. Haf Bach Mihangel yn dod â sychwynt o'r diwedd a gorffennwyd cario'r ŷd wrth olau lleuad ar naw nos oiau.

Mae Mari Wyn yn cofio am yr helynt a gawsant un tro wrth gario ŷd yn 'Styllen Bach, a oedd yn rhan o Bant-yneuadd, a hithau'n dechrau nosi.

> 'Arthur yn twyso'r ceffyl a minne ar ben llwyth anferth o 'sgube ac yn aros arno fo yn hytrach na'i raffu, gan nad oedd eisie mynd â fo ymhell, dim ond i'w dasu i'r cae agosa'. Beth bynnag fe drodd y llwyth ac i lawr â minne i'w ganlyn o. Pan ddois i i'r golwg o ganol y 'sgube, 'roedd Arthur mor falch o 'ngweld i'n ddianaf, mi ges globen o gusan ganddo fo! Mynd ati ill dau wedyn i ail-lwytho.'

Yn ardal y Parc, pan fyddai'r amgylchiadau ar eu gwaethaf y gwelid cymdogaeth dda ar ei gorau. Wedi cael y cynhaeaf i ddiddosrwydd ym Mhantyneuadd byddai'n rhaid mynd â'r wedd a'r drol i'r ffermydd cyfagos i roi help llaw iddynt hwythau. Cymdeithas wâr felly oedd hi. Gwen a Wili Pugh, 'Styllen, yn treulio oriau yn y capel yn dysgu'r plant i ganu yn ystod y dydd ac yn crwydro'r wlad i gadw cyngherddau ar nosau hir y gaeaf. Ac am eu bod nhw'n gwybod fod yr hen bâr braidd ar ei hôl hi gyda gwaith y ffarm byddai Pantyneuadd yn anfon Arthur draw i gario tail.

> 'Weles i garthu cwt lloi, brenin annw'l, wel, dros lathen ohono fo, a'r lloi bron yn uwch na'r rhesel! Carthu hwnnw a'i gario fo'n syth allan i'r cae. Ac eto mwynhau ein hunen. Fydden nhw'n deud bod hogle tail yn codi stumog!'

A sôn am dail, mae Mari Wyn yn cofio'n dda am y tro y bu i Arthur ei gael ei hun mewn cysylltiad closiach nag arfer â'r stwff persawsrus hwnnw. 'Roedd cyfnither iddi o Lundain yn aros ym Mhantyneuadd a chanddi gryn ddiddordeb mewn *judo* a byddai'n ymarfer y grefft arni hi.

'Un diwrnod,' meddai Mari, 'wrth weld Arthur yn llwytho tail ceffylau i'r drol, daeth awydd sydyn drosof i roi cynnig ar un o'r triciau ar Arthur. Yn ddi-rybudd plennais fys, efo tipyn o rym y tu ôl iddo, o dan ei drwyn a'i fwrw yn ôl, a dyna fo yn llerpyn hirgoes ar ei hyd yn y domen dail! Diolchais lawer ei bod yn domen welltog, weddol sych! Wrth gwrs, dyna ddiwedd ar chware tric ar Arthur. O hynny allan 'roedd o'n llygadog, graff yn dilyn fy symudiadau fel barcud — ond yn rasol iawn ac o dymer dda bob amser.'

Er gwaethaf tymer dda ac amynedd a phwyll 'doedd gwaith y ffarm ddim heb ei beryglon hyd yn oed allan ar ffridd y mynydd 'chwaith. Cofia Arthur fynd ati i fraenaru un acer ar ddeg o Ffridd Tan Nyrs un mis Tachwedd, y ffridd heb ei throi ers canrifoedd, o bosib, yn llawn o lafrwyn ar yr wyneb a cherrig o dan y croen.

''Roedd yn lwc bod genna i wedd mor dda,' meddai Arthur. 'Y munud byddech chi'n taro carreg fe fydde hi'n sefyll. Ond gwaetha' chi'n eich dannedd, fe fydde'r arad' yn taro un ac yn y dechre fyddwn i ddim yn siwr iawn p'run ai sefyll yn ôl oddi wrth gyrn yr arad ddylwn i ynte sefyll ymlaen. Ond wedi i mi gael un o dan fy ngên, peltan nes ôn i'n troi, mi ben-derfynes mai rhwng y cyrn a'r dyrne oedd y lle callaf. 'Roedd y tir mor arw, fyddwn i'n cael fy lluchio i ganol y cwysi. 'Roeddwn i'n mynd i fyny i'r awyr ac i lawr yn ôl ac weithie fe fyddwn i'n methu dal gafael yn y dwrn a hwnnw'n fy nharo i yn fy asenne. 'Roedd f' asenne fi 'radeg hynny'n ddu-las!'

'Roedd gan Bantyneuadd oddeutu tair mil o ddefaid ar ffarm Dolgen, Bronaber, Trawsfynydd, ac ar y Feidiog, y mynydd-dir yn uwch i fyny, lle 'roedd ffermydd Feidiog Isa, Feidiog Ucha a'r Feidiog Fach, cartref Robert Rowlands, taid Arthur. Yn y cyfnod cyn yr Ail Ryfel Byd yno 'roedd un o feysydd tanio'r Swyddfa Ryfel. 'Roedd y Feidiog Isa'n union yng nghanol y maes a *'Danger Farm'* y gelwid hi bryd hynny. Dafydd Jones, Dolgen, a'i fab, Wil, oedd yn bugeilio'r defaid dros Bantyneuadd, a'r munud y byddai'r tanio drosodd byddai'n rhaid iddynt fynd o amgylch i chwilio am ddefaid wedi eu lladd. Cofia Arthur fynd i gyfri'r colledion efo Wil. Pan ddeuent ar draws dafad neu oen wedi ei saethu byddai'n rhaid torri un glust i ffwrdd a rhoi fflag wrth y corff er mwyn medru hawlio'r iawndal, pedwar swllt ar ddeg am ddafad a seithswllt am oen. Cofia hefyd fel y byddai sŵn y gynnau'n diasbedain dros 'fawnog Traws-fynydd' wedi nos a'r llestri'n ysgwyd ar y dresel yn Nolgen.

Byddai'r defaid o'r Feidiog yn cael mynd i lawr i Bantyneuadd dros y gaeaf ac ym mis Ebrill byddai'n rhaid danfon y 'wintrin', y mamogiaid a'r ŵyn, yn ôl i'r mynydd, pawb â'i gi'n eu danfon nhw drosodd, trwy Gwm Tylo a heibio i Flaenlliw, taith o tua phedair milltir ar ddeg.

Un tro, wedi cerdded yr holl ffordd, ar ôl aros am sbel i roi cyfle i'r ŵyn ddod o hyd i'w mamau, sylweddolodd Arthur fod un oen bach heb ei fam. Rywsut ne'i gilydd 'roedd hi wedi cael ei gadael ar ôl ym Mhantyneuadd.

''Roedd gynna i ryw hen fag dros fy ysgwydd i gario brechdanau a fflasg,' meddai, 'ac 'rydw i'n cofio cario'r oen 'ma yn ôl bob cam, rhoi ei ben ôl o yn y bag a 'mraich chwith o dan ei frest o, a mi cariais o'r holl ffordd yn ôl.

'Roeddwn i eisie mynd i Ddolgelle'r noson honno ac mi es ar gefn fy meic. 'Dydy'r oes heddiw'n gwybod dim amdani.'

Ond er garwed yr amgylchiadau yng nghefn gwlad ar ddechrau'r rhyfel, mewn un peth 'roedd ffarm Pantyneuadd, fel amryw o ffermydd eraill cylch Penllyn, o flaen yr oes.

'Roedd yno olau trydan. 'Roedd olwyn ddŵr a thyrbin wrthi'n defnyddio dŵr o Afon Llafar i gorddi a malu ac i oleuo'r tŷ. Sut bynnag, oherwydd mai golau anwastad a geid, cafwyd Antur Edwards (y gŵr, ynghyd â'i dad, Richard Edwards, a fu'n arloesi gydag unedau twrbin ym Mhenllyn) i gynllunio sustem newydd oedd yn defnyddio dau dwrbin. 'Roedd yn rhaid tyllu cyn ised ag oedd bosib yn nhwll yr olwyn ddŵr er mwyn cael digon o gwymp. Bu Arthur yn helpu i durio i lawr i'r clai a'r haul tanbaid yn taro ar ei gefn noeth yng ngwaelod y twll. Pan gwblhawyd y gwaith 'roedd yno ddigon o bŵer i oleuo, nid yn unig y ffarm, ond y capel hefyd, ac yn ddiweddarach yr ysgol a thŷ'r ysgol.

O sôn am y capel, rhaid cofio nad gwaith a gorffwys yn unig oedd bywyd i wagner Pantyneuadd. 'Roedd yn arferiad gan y teulu gadw dyletswydd. Bob bore, ar ôl gorffen bwydo'r wedd a chael brecwast, byddai Arthur yn ymuno yn yr addoliad wrth y bwrdd, ac yn darllen rhyw bwt neu ddweud gweddi fach pan ddeuai ei dro. Ac yn ystod y cyfnod hwn cafodd ei brofiad cyntaf o wneud rhywbeth yn gyhoeddus ar ei ben ei hun.

'Fues i'n rhyw bwt o ysgrifennydd Ysgol Sul. Dilyn fy mrawd, Trebor, wnes i, ac mi fûm wrthi am ddwy flynedd neu dair. Fy ngwaith i oedd mynd rownd y dosbarthiade i rannu'r llyfre a'u hel nhw wedyn tua deng munud cyn y diwedd a mynd â nhw i'r sêt fawr. Owen Thomas Jones oedd yr Arolygwr ar y pryd ac mi fyddai'n gofyn am y cyfrifon — "Wyt ti'n barod, Arthur?" — a minne'n gorfod eu darllen nhw allan, faint oedd yn bresennol, rhif yr adnode, ac yn y blaen. O dro i dro weles i orfod diweddu hefyd. Fe fu'r profiad o sefyll o flaen pobl o help mawr i mi wedi hynny.'

Nos Fawrth oedd noson seiat yn y Parc. Fyddai teulu Pantyneuadd byth yn colli'r seiat, ond er iddo yntau ei mynychu ambell waith mae Arthur yn cydnabod na fu ef mor selog â hynny. 'Roedd nos Fawrth yn noson bwysig i'r bobl ifanc am resymau eraill. Dyna'r noson pryd y deuai Ifor Edwards a'i fan o Lanuwchllyn i'r pentre. Byddai tyrru ati o bobman i brynu nwyddau, yn arbennig bwyd ar gyfer yr wythnos, ac ymhlith yr angenrheidiau i'r ffermwyr 'roedd baco a sigarets i'r gweision. 'Roedd hefyd yn gyfle i'r trigolion ddod at ei gilydd i drafod y byd a'r betws, ac yn naturiol, 'doedd y llanciau a'r llancesi ddim ar frys mawr i droi am adref.

Cyrchfan y bechgyn oedd sgubor Tŷ'n Ddôl. Sgubor yn perthyn i Ryd-yr-efail oedd hi ac yn hwylus dros ben, yn union yng nghanol y pentre. Fan honno y byddent yn chwarae cardiau tan oriau mân y bore. Dim sôn am drydan yn y 'neuadd gymuned' honno, dim ond dwy neu dair o ganhwyllau ar y walbant.

Digon tywyll fyddai hi hyd y ffyrdd i'r ffermydd anghysbell yn nhwll y gaeaf hefyd. Yn wir 'roedd hi'n dywyll fel y fagddu yn aml iawn erbyn y deuai'r ffyddloniaid allan o'r seiat; rheswm da dros gynnig danfon y merched ifanc adref. Ond er fod y ffordd adref i Bantyneuadd cyn dywylled â'r un, a Llwybr y Coed, a arweiniai uwchben yr afon i gyfeiriad y ffarm, yn hynod o beryglus, 'doedd fyw i neb feddwl am ddanfon Meinir a Mari Wyn adre. Byddai Howel Wood, yr hen was ffyddlon, yn aros amdanynt bob amser.

Gwaith Howel oedd gofalu am y gwartheg, ac yn ystod y gaeaf 'doedd ganddo fawr o amser i ddim arall erbyn cario bwyd i'r tri beudy. Ar ei daith y bydde fo drwy'r dydd o un beudy i'r llall yn bwydo ac yn gollwng y buchod, y bustych a'r heffrod i'r dŵr. Yn hyn o beth 'roedd o'n debyg iawn i bob porthwr arall, ond fel y crybwyllwyd eisoes, sipsi oedd Howel, ac 'roedd wedi etifeddu rhai o ddoniau ei hil ('roedd ei dad a'i fam, Mathew a Lowyddan, yn gefnder a chyfnither ac yn ddisgynyddion Abram Wood). Yn ogystal â bod yn grythor pur fedrus 'roedd Howel yn bencampwr ar ddawnsio step y glocsen a phan glywai nodau'r hen alawon o dannau telyn Meinir diflannai pob blinder a dawnsiai fel hogyn a'i gorff eiddil mor ystwyth â chwip.

'Weles i droeon yn y gegin ym Mhant'neuadd,' meddai Arthur, 'cael Howel mewn hwylie a'i gael o i ddawnsio a Meinir yn chware. Fydde fo wrth ei fodd yn rhoi'r clocsie am ei draed ac yn estyn y brws llawr. 'Roedd o'n cadw ei oed yn dda ac yn werth ei weld yn codi ei goes dros y brws, yn cadw'r rythm ac yn neidio a tharo 'i sodle yn yr awyr.

'Roedd Howel yn 'sgotwr heb ei ail hefyd. Bob tro y gwele fo li yn yr afon i ffwrdd â fo ac mi fydde Mr. a Mrs. Davies wrth eu bodd achos fydde fo byth yn dod yn ôl yn waglaw, a fydde Howel yn dal pan fydde pawb arall yn methu. 'Roedd gynna inne ddiddordeb ac mi fyddwn wrth fy modd yn edrych arno fo. Mi fydde'n gwneud ei blu ei hun ac mi fydde'n 'sgota nos hefyd. 'Rydw i'n ei gofio fo'n deud,

"Mi fedri di dal yn y nos cystal a gwell oherwydd nad 'den nhw dim yn dy weld ti. Ond paid ti byth â defnyddio lein sy'n suddo yn y nos — 'rwyt ti'n bownd o cael 'slywen."

A 'rydw i wedi profi hynny ar ôl imi golli 'ngolwg!'

Anaml y byddai Howel yn gadael Pantyneuadd, dim ond i edrych am ei frodyr yn y Bala, ond pan fyddai'n troi allan byddai'n werth ei weld, fel y dengys disgrifiad Arthur ohono.

"'Roedd yn rhaid cael pethe sidan — hances poced sidan, lliwgar ym mhoced ei frest, mwfflar sidan am ei wddw a blodyn yn ei gôt. 'Roeddwn i'n dotio ato fo, mor lân a thwt bob amser.

Gen i barch mawr i'r hen Howel. 'Roedd o'n un hawdd iawn ei ddigio, ond os gwnaech chi ffrind ohono fo 'roedd o'n ffrind am byth.'

Ar nosweithiau hir y gaeaf creu eu difyrrwch eu hunain y byddai Arthur a'i gyfoedion gan chwarae draffts, cardiau, *ludo,* dartiau, tenis bwrdd a *rings* yn eu tro, ac edrych ymlaen at nos Sadwrn pryd y byddent yn mynd yn un haid ar eu beiciau dair milltir a hanner o ffordd i'r Bala, i'r pictiwrs yn Neuadd Victoria, a dychwelyd yn hwyr ar ôl cael boliad iawn o *chips* yn y Belle Vista. Ond uchafbwynt y flwyddyn oedd cael mynd yn un criw ar Nos Galan i 'Styllen — lle mae aelodau o'r teulu'n dal i gynnal y traddodiad — i wneud cyfleth. 'Roedd merched Gwen a Wili Pugh, Beti ac Eleanor, tua 'run oed ag Arthur.

"Rydw i'n ei weld o rwan,' meddai. 'Fydde'r cyfleth yn berwi ar y tân agored mewn clamp o sosban. Fydde Mrs. Pugh wedi golchi carreg yr aelwyd yn lân. Iro honno a gynted ag y bydde'r cyfleth yn barod, ei dywallt o ar y garreg. Pawb yn iro eu dwylo ac yn plannu i ddarn go dda a thynnu a thynnu nes bydde fo'n rhaffe hir. Mwya'n y byd y medrech chi dynnu cyn iddo fo oeri gora'n y byd oedd y cyfleth.'

Ac fel y byddai blas clap o gyfleth 'Styllen yn aros yn hir ar ôl gorffen ei gnoi, mae blas yr atgofion am ei ddyddiau ym Mhantyneuadd wedi aros gydag Arthur, yn felys ac yn gynnes; aroglau gwair newydd ei dorri a ffridd newydd ei throi, blas y llus ar Fraich y Castell a the yn y cae, cynhesrwydd y ddaear lle bu'r hen gaseg yn gorwedd ar fore barugog, clep clocsiau Howel ar y llechi gleision a'i gwmni yn y llofft uwchben y gegin, caredigrwydd y teulu a gofal dirodres, diamod dyn am ei gyd-ddyn — mil a mwy o drysorau na fedrodd amser nac amgylchiadau eu dwyn oddi arno.

O Le i Le

Cafodd Arthur ei ben-blwydd yn ddeunaw oed ym mis Mai 1940, hanner blwyddyn ar ôl dechrau'r rhyfel. Wrth gofrestru 'roedd yn rhaid iddo ddewis rhwng yr awyrlu, y llynges a'r fyddin. Dewisodd yr R.A.F. Yn ddiweddarach cafodd ei alw i Gaer am archwiliad meddygol a dywedwyd wrtho y byddai'n debyg o glywed rhywbeth o fewn chwech wythnos, ond trwy drugaredd — ac amryfusedd rhywun yn rhywle mae'n debyg — 'chlywodd o byth 'run gair. Treuliodd y blynyddoedd blin hynny rhwng 1940 a 1946 yn hedd ardaloedd Penllyn, Edeyrnion a Dyffryn Clwyd yng ngwasanaeth y *War-Ag*, ac yn gweini ar wahanol ffermydd. Eithr am gyfnod byr, rhwng gadael Pantyneuadd ac ymuno â'r gwasanaeth amaethyddol bu'n canlyn dyrnwr o gwmpas y Bala.

'Roedd gan John Hughes, Cynlas, Cefnddwysarn, ddau neu dri o dracsions ac 'roedd brawd i dad Arthur, ei Ewythr Bob Price, wedi bod yn canlyn dyrnwr y Cynlas a chefnder iddo, Emrys, mab i chwaer ei dad, wedi bod wrth y gwaith wedi hynny. Yng nghwmni Emrys y dysgodd Arthur mor bwysig oedd 'gwneud pethe'n iawn' wrth ddyrnu. 'Roedd rhyw elfen 'byrticlar' yn perthyn iddynt fel teulu. 'Roedd ei dad, fel y clywsom, yn rhoi pwys mawr ar dorri cwys yn union, a'r un modd gydag Emrys, ei gefnder: nid rywsut-rywsut 'roedd pethau i fod ar ddiwrnod dyrnu a chymerai bleser mawr wrth hyfforddi Arthur yn nirgelion y grefft.

''Roeddwn i wedi cael fy nysgu i edrych ar ôl y stêm, a fydde fo bob amser yn deud,

"Wrth roi glo, gofala dy fod ti'n edrych ar lefel y dŵr yn y botel. Wedyn, glo ar y tân, a phaid a lluchio'r glo i mewn efo rhaw. Agor di ddrws y tân ac os gweli di ddarn gloyw, gloyw, lle mae'r tân yn wynias, clap o lo yn fan'no, a phaid ti â mynd ymhell oddi wrth y tracsion.''

Pethe bach, ond 'roedden nhw'n bwysig. Fues efo rhai eraill yn eu tro, mynd i ben y dyrnwr a gweld y taniwr yn cerdded o gwmpas ac yn siarad efo hwn a'r llall yn lle cadw golwg. Toc mi glywech sŵn yr hen dracsion yn arafu. Y stêm wedi mynd i lawr, wrth gwrs. Wedyn fydde fo'n lluchio glo fel 'dwn i ddim be a mwg melyn, budr yn dod allan, a doedd hwnnw byth i fod. Cael y nesaf peth i ddim mwg a hwnnw bron yn loyw, dyna oedd perffeithrwydd. Fydde Emrys bob amser â digon o stêm.

Fydden ni'n cadw'r tân dros nos, ei 'huddo fo; racio'r tân reit at y drws, rhoi digon arno fo, trwch o lwch glo wedyn, cau pob damper, cap ar y corn simdde a rhyw ddarn o haearn i'w gadw fo'n ei le rhag gwynt dros nos. Wedyn y cwbl fydden ni'n neud yn y bore oedd tynnu'r caead odd'ar y simdde, agor y ffliwie a rhoi procar i mewn i symud y tân. Felly y bydden ni'n cadw'r tân o ddydd Llun tan ddydd Sadwrn. Fydden ni'n gadael i'r tân ddiffodd dros y Sul ac ailgynnau ben bore Llun. Fydde Nhad yn fy nghodi i cyn codi cŵn Caer pan fydde hi'n dwrn i mi wneud tân. Rhyw hen eithin a phethe felly a hen recsyn wedi ei roi mewn oel fydde gynnon ni'n ei gychwyn o.'

Mynnai Emrys fod y dyrnwr yn cael ei osod yn berffaith fel y byddai'r gwellt yn cael ei ysgwyd yn iawn, rhag bod dim o'r grawn yn dod allan i'w ganlyn o.

'Plesia di'r ffarmwr,' meddai, 'ac mi gei di ddod yno eto. Gofala sut 'rwyt ti'n ffidio'r *drum*.'

'Fel rhyw bwt o lencyn,' meddai Arthur, 'fi fydde'n cael y gwaith o fynd ar y dyrnwr i ffidio, ac 'roedd Emrys wedi fy nysgu fi'n fanwl, ffordd i afael yn yr ysgub a rhoi dim ond ei brig hi i mewn i dynnu'r grawn yn gynta. Mi fues i'n torri 'mynnod hefyd, y rhwymynnod oedd yn clymu'r 'sgube. 'Roedd yn rhaid cael cylleth finiog, finiog i hynny. Fydde bachgen arall efo picfforch yn codi'r 'sgube i fyny i'r torrwr ac yn rhoi'r brig tuag ato fo a fynte, yn ei dro, yn rhoi ei bôn hi i mi fel 'mod i'n medru rhoi ei brig hi i'r *drum*. Fydde'r torrwr 'mynnod yn eistedd yn fy wynebu fi, ond dipyn i'r chwith.

Weles i rai'n codi'n rhy wyllt ac yn fler a fyddwn i byth yn hoffi hynny. Weles i fwy nag unwaith rai'n lluchio'r 'sgube am ben yr hogyn ifanc fydde'n torri nes ei fod o'n methu dal i fyny. "Aros di funud bach," fyddwn i'n ddeud wrtha i fy hun, "mi ddysga i wers i ti." Fydde 'no dwr o 'sgube wedi dod i ben y dyrnwr a be fyddwn i'n neud 'blaw eu hwthio nhw i gyd i lawr yn eu hole, a dyna ichi floedd!

"Codwch chi nhw'n iawn rwan," fyddwn i'n ddeud, "bob yn ddwy â'r brig at i fyny ac mi eith popeth ymlaen yn iawn."

Fydde sŵn y dyrnwr i'w glywed am filltiroedd mewn bro. 'Rydw i'n ei glywed o rwan. Ew, mae o'n dwad ag amser difyr yn ôl, fel byddech chi'n mynd o ffarm i ffarm efo'r hen injan a chyfarfod cymeriade. 'Dw i'n cofio'r hen Lwyd o'r Bryn yn ardal Cefnddwysarn. Dew, 'roedd hi'n werth chweil ei gael o yn y cwmni.

Fydden ni'n cael cinio ardderchog fel rheol ar ddiwrnod dyrnu, ond un tro 'rydw i'n cofio ei bod hi wedi bod yn dywydd drwg a'r das wedi mynd i dyfu, a doedd ei pherchennog hi fawr o ffarmwr. Sôn am fân siarad amser cinio! Yn anffodus 'doedd y bwyd chwaith ddim llawer o beth a'r cig fel lleder, a dyma rywun yn deud,

"'Rydw i wedi cicio *football* yn fy nhro ond 'dw i 'rioed wedi trio b'yta un chwaith."'

Pan ymunodd â'r *War Ag.* 'roedd bod ar ei fwyd ei hun yn brofiad go newydd i Arthur. Ar ôl gwleddoedd diwrnod dyrnu a bwyd maethlon Mrs. Davies, Pantyneuadd, yn gig moch a thatws, maip, moron a rwdins, tipyn o newid oedd gorfod wynebu diwrnod o waith efo pecyn o frechdanau mewn bocs. Ond buan y canfu mai anaml iawn y byddai'n rhaid dibynnu ar gynnwys y bocs am ei gynhaliaeth ym Mhenllyn. Er mai mynd â'i de a'i siwgr mewn tun a gofyn am ddŵr poeth oedd y rheol wrth iddo fynd â'i dractor a'i aradr o ffarm i ffarm,

'O, na, paid â dwad a bwyd efo chdi. Gei di fwyd efo ni,' oedd hi. 'Roedd o wrth ei fodd yn gweld gwahanol leoedd ac yn cyfarfod gwahanol bobl. Ond daeth anghydfod rhyngddo ef â'r fforman.

'Mae'n debyg 'mod i'n tynnu ar ôl y teulu a ddim yn hoffi i neb ddweud celwydd amdana i, a chelwydd oedd o. Ta' waeth, mi adawes y *War Ag.* yn Sir Feirionnydd a mynd i'r Hafod, Corwen at Yncl Ted.'

Ffrind i'r teulu oedd Edward Jones, ond bu fel tad i Arthur tra bu yno. Ar wahân i ffarmio'r Hafod 'roedd yn prynu ac yn gwerthu llawer ac yn gredio yng Nghorwen. Byddai'n prynu anifeiliaid ar hyd a lled y wlad ac yn eu hanfon i Gorwen ar y trên. Ffonio adref wedyn a gofyn i Arthur a'r mab, Dai, fynd i'w nôl o'r orsaf a'u cerdded i'r Hafod. Gan ei fod yn awyddus iawn i'w fab fod â diddordeb mewn ffarmio (a Dai sy'n ffarmio'r Hafod ar hyn o bryd)

36

byddai'n dod ag Arthur ac yntau i mewn i'r sgwrs bob amser.

'Wel, be 'dech chi'n feddwl o'r gwartheg yma? Be 'di eu gwerth nhw?'

A phan fyddai'r ŵyn yn brin ar ddiwrnod graddio yng Nghorwen byddai'n ffonio a dweud,

'Pigwch ryw ddeg ar hugain imi. Mae 'ne rai heb droi i fyny.'

''Roedd hi'n ysgol ardderchog,' meddai Arthur, 'ac mi ddysges i lawer efo fo. 'Roedd o'n arbenigwr ac yn hynod o ffeind, o natur leddf ac eto'n hoff o sbort, yn cymryd diddordeb mewn chwaraeon, tynnu rhaff a thowlu pwyse a phethe felly. Dyn â chalon fawr ganddo oedd Yncl Ted.'

O'r Hafod aeth Arthur i Dyddyn Isa, Rhewl, Rhuthun at T. O. Jones, perthynas pell iddo, a oedd eisiau gwas. Ffarm fechan hanner can acer oedd Tyddyn Isa a'r ffarmwr, Thomas Owen, yn bencampwr ar weithio cŵn defaid ac wedi ennill cwpanau di-ri yn y treialon.

Yn ystod y cyfnod hwn 'roedd Llew Davies, Parc, Cerrigydrudion, cefnder i blant Pantyneuadd, yn feiliff i Hooson, Caer'fallen, clamp o ffarm yn gwerthu llefrith yng nghylch Rhuthun. 'Roedd Hooson yn berchen ffermydd eraill hefyd ac 'roedd wedi prynu dyrnwr a thractor yn ei dynnu ac yn methu cael neb i'w handlo fo. Gofynnodd i T.O. a gâi o fenthyg Arthur am wythnos.

'Peidiwch â phoeni am droi efo'r wedd,' meddai, 'gaiff Arthur fenthyg tractor ac arad.'

Cafodd Arthur wythnos ddifyr iawn yn dyrnu i Hooson.

'A 'dw i'n cofio troi cae pum acer rhwng deg y bore a phump o'r gloch y pnawn,' meddai, 'a T.O.'n methu credu!'

Arhosodd yn Nhyddyn Isa am flwyddyn, ond fel yr âi'n hŷn ac angen mwy o gyflog arno, sylweddolodd T.O. y byddai rhywun iau'n gwneud y tro iddo yntau. Ailymunodd Arthur â'r *War Ag.*, y tro hwn yn Sir Ddinbych, i wneud yr un gwaith ag a wnâi yng nghylch y Bala, ond 'roedd gwahaniaeth rhwng y ddwy ardal. Erydr tair cwys a ddefnyddiai ar ddolydd braf Dyffryn Clwyd yn lle rhai dwy gwys fel yr oedd wedi arfer â hwy ar diroedd garwach Meirion. Ond, gyda phob parch i Ddyffryn Clwyd, lle 'roedd pawb yn ddigon caredig, ni allai lai na sylwi fod y ffermwyr yno'n fwy annibynnol a'r gweision yn fwy israddol. Trychineb go fawr fyddai iddo ddigwydd mynd i'w waith heb ei frechdanau a'i de a'i siwgr, gan mai eithriad oedd cael mynd i'r tŷ yno, a phan ddigwyddai hynny, ar ffermydd bach neu gan bobl ddwad yr estynnid y gwahoddiad. Y teimlad a gâi oedd fod ffermwyr Dyffryn Clwyd yn tueddu i gyfri'r oriau tra 'roedd ffermwyr tlotach Penllyn yn eu mwynhau.

Gwarchod

Yn ystod blynyddoedd y rhyfel bu Arthur yng ngwasanaeth y llywodraeth yn gwneud ei ran, nid yn unig yn trin y tir fel aelod o'r *War Ag.,* ond hefyd yn paratoi i warchod y tir hwnnw rhag y gelyn, fel aelod o'r *Home Guard.* Adroddwyd straeon di-ri, yn gybolfa o wirionedd a dychymyg am wroniaid yr *Home Guard,* ac ni byddai stori bywyd Arthur yn gyflawn heb fwrw i'r stôr o atgofion sy' ganddo yntau am droeon trwstan y dyddiau hynny.

Ymhlith cyd-warchodwyr Arthur yn y Bala 'roedd Glyn Jones (Glyn Goli), Non Williams ac Ellis Edwards, Fedw Arian, a châi'r Rhingyll Bob William Hughes gryn anhawster i gael cymeriadau mor annibynnol i gydymffurfio â rheolau'r dril. Er iddo floeddio a bloeddio 'doedd ei orchmynion yn cael fawr o effaith.

'Peidiwch chi ag edrych ar neb arall,' meddai wrthynt mewn anobaith.

'O, paid ti â phoeni, Bob,' oedd yr ateb, ''rydw i'n watsiad Non . . .'

'A 'dw i'n watsiad Ellis . . .'

'A 'dw inne'n watsiad Glyn.'

A 'doedd ryfedd yn y byd fod y tri ohonynt ar ôl pawb yn dod i *attention!*

Wedi bod wrthi'n galed byddai pawb yn cael seibiant bach ac yn eistedd ar y meinciau oedd o amgylch Neuadd Buddug ac Ellis, bob amser, yn chwilota yn ei boced am ei faco-shag ac yn gofyn,

''Sgin ti ddim ryw hen damed o bapur?'
a thoc wedyn,

'Dew, 'sgin ti ddim matsien?'
A chyn i bawb gael ei wynt ato,

'Bob,' meddai wrth y sarjant, 'gad mi dy weld ti'n 'neud y blydi traed 'na eto. Sut wyt ti'n eu troi nhw rownd?'

'Roedd hi'n bwysig i'r bechgyn ddysgu mynd i'r ystum cywir ar gyfer saethu oddi ar eu hyd, yr hyn a elwid yn *prone position*. Disgwylid iddynt ddisgyn ar eu boliau ar lawr y neuadd, y fraich chwith ymlaen a'r benelin ar lawr a bôn y gwn ar yr ysgwydd dde'n barod i anelu a gorwedd yn gyfforddus felly â'r coesau ar led. Wel, ffarmwr oedd Ellis Fedw Arian, ac un braidd yn drwsgl pan ddoi hi'n fater o wneud rhyw giamocs felly, ac un tro, pan oedd pawb wedi ymestyn fel rhyw lyffaint ar lawr y neuadd, yn sydyn dyna Ellis yn gweiddi mwrdwr.

'Be 'di mater, Ellis?'

'Aw! y blydi clyme gwithig 'ma!' oedd yr ateb.

Rhoddid pwys mawr ar ymddangosiad y bechgyn. Disgwylid i bob un ddod i'r ymarfer yn ei siwt â'i gap yn dwt ar ochr ei ben. Gellid agor y cap o'i blygiadau a'i dynnu i lawr dros y clustiau i wynebu tywydd garw. Yn anffodus, tueddai'r cap i grebachu oddi ar y pen pan fyddai'r drilio ar ei wylltaf, a chan fod ganddo ben go fawr, cyn wiried ag y deuai'r floedd, *Attention!* byddai cap Glyn ar lawr a'r uwchgapten yn gofyn,

'Good God, what's wrong with your cap, Glyn?'
Glyn, yn y diwedd, wedi hen syrffedu, yn gwylltio wrth y cap ac yn ei dynnu dros ei ben a'i glymu o dan ei ên ac yn edrych fel bwldog nes gyrru pawb i'w dyblau.

'Ges i'r gwaith o fod yn *dispatch rider*,' meddai Arthur, 'achos fod gynna i foto-beic, a fyddwn i'n

40

gorfod cario negese cyn belled â Dolgelle ar nos-
weithie g'lyb, oer.

O dro i dro fydde 'ne ymosodiad, esgus, ar y Bala
a'n gwaith ni fydde amddiffyn a hynny'n aml iawn
mewn rhyw hen dywydd budr, yn eirlaw a phopeth, a
'rydw i'n cofio'r hogie'n deud yr hanes, fel bydde
nhw'n smalio saethu'r 'gelyn', — gwneud sŵn ''Bang-
bang'' a gweiddi *''You're dead,''* a'r celain bach
rhynllyd yn ateb *''Thank you very much,''* wrth ei
fodd ei fod o'n cael mynd o dan do i gael bynsan
sych a phaned o de.

'Doedd dim posib cymryd y peth o ddifri a tase'r
gelyn wedi 'mosod 'dwn i ddim be fase wedi
digwydd!'

Erbyn iddo symud i Gorwen 'roedd Arthur yn aelod o'r
Commandos. Uned fechan, ddethol oedd hon yn gorfod
ymarfer yn llawer caletach. Nhw oedd yr 'ymosodwr' ac
'roedd gofyn iddyn nhw fedru croesi afonydd a thir garw.
'Roedd adeilad ar gyfer ymarfer ac *assault course* ar dir y
Rhug. Rhoddid cryn bwyslais ar ddefnyddio arfau yno a'r
gŵr a oedd yn gyfrifol am hyfforddi'r bechgyn oedd Capten
Wilson, un â phrofiad blynyddoedd yn y fyddin y tu ôl iddo.
Byddai Wilson byth a hefyd yn pwysleisio mor beryglus oedd
gwn ac mor bwysig oedd bod yn ofalus wrth ei ddefnyddio.
Un diwrnod 'roedd David Tudor Jones, neu Dei Bach, a
oedd yn gweithio yn Felin Rug, yn eistedd tu ôl i'r *machine
gun,* a chofier fod yr erchyllbeth hwnnw'n medru tanio hyd
at chwe chant o fwledi mewn munud. 'Roedd o'n anelu at y
targed â'r ddau fawd yn barod ar y triger, a phwy gerddodd
yn union o'i flaen ond Capten Wilson. Yn ffodus cafodd fyw
i gywilyddio am ei gamgymeriad ac i fod yn ddiolchgar hyd
byth i Dei Bach am beidio tanio.

'Fydden ni hefyd yn ymarfer efo *grenades,*' meddai
Arthur. 'Fydden ni'n sefyll mewn ffos a'r belen yn
barod i'w lluchio tuag at y targed. Wedi tynnu'r pin

allan 'roedd gynnach chi bedair neu saith eiliad, dibynnu ar y math oedd gynnach chi ar y pryd, cyn iddi ffrwydro. 'Roedd platŵn o Gorwen yn ymarfer ar y cwrs a Mr. Yaxley, gyrrwr lorïau'r G.W.R., oedd yn Sarjant efo'r *Home Guard*, yn dangos i'r hogie sut i daflu'r *grenades* 'ma. Wel, 'roedd 'ne hogyn ifanc go nerfus yn barod i daflu un a be ddigwyddodd, mi gollyngodd hi o'i law. Be ddaru Yaxley, yn lle dengid am ei fywyd neu luchio ei hun ar y ddaear fel roedd pawb wedi cael ei siarsio i neud petai rhywbeth felly'n digwydd, be ddaru o ond cydio ynddi a'i lluchio hi ac mi ffrwydrodd yn yr awyr. Mi gath o ei anrhydeddu am ei ddewrder.'

Dyna ddwy stori sy'n dangos mor beryglus y gallai bywyd yn yr *Home Guard* fod.

Pan oedd gyda'r *War Ag.* yn Nyffryn Clwyd 'roedd Arthur yn lletya gyda Mr. a Mrs. Iorwerth Edwards ym Mhorth-y-dre, Rhuthun, ac Iorwerth, fel yntau, yn perthyn i'r *Home Guard.*

'Un difyr oedd Iorwerth,' meddai, 'a phwt o getyn ganddo bob amser. 'Rydw i'n cofio un tro pan oedden ni'n drilio yn y *Drill Hall* ac yn cael rhyw bum munud i gael smôc, ac Iorwerth, fel arfer, wedi tanio 'i getyn. Daeth y gorchymyn, *"On parade,"* a'r peth nesa welwn i, a ninne'n martsio, ond mŵg mawr yn codi o boced Iorwerth. Y cetyn wedi llosgi clamp o dwll trwy ei drowsus a'i drôns!

Gawson ni lawer o hwyl ac 'roeddwn i'n ffit iawn yn ystod y blynyddoedd rheini, rhwng gweithio yn yr awyr agored bob dydd, ymarfer efo'r *Home Guard* a chware pêl-droed.

Y Cefnwr Cadarn

Bu Arthur yn chwarae pêl-droed trwy gydol y blynyddoedd y bu'n was ym Mhantyneuadd a blynyddoedd y rhyfel. Parhâi i chwarae i'r Parc yng Nghwpan y Bradgy, chwarae yng Nghorwen pan symudodd yno, chwarae yng Nghynghrair Haf Rhuthun a'r Cylch, lle byddai strydoedd y dref yn codi timau, ond yn bwysicaf oll, chwarae i dîm y Bala.

'Roedd un o gyn-chwaraewyr y Bala, y diweddar Non Williams, yn dipyn o arwr gan Arthur, ac os y bu rhywun â dylanwad arno fel chwaraewr, Non oedd hwnnw. Fel hyn y dywed amdano,

'Chwaraewr tawel, amyneddgar, byth yn cyffroi, a chwaraewr glân iawn oedd Non. Fydde hyd yn oed ei sgidie fo bob amser yn lân ac 'roedd o'n dweud o hyd mor bwysig oedd gwisgo'n daclus. A dweud y gwir, fydde Non yn dod o'r cae, er bod hi'n fwd, â'i drowsus yn lân. Mae'n arw gynna i ddeud, ond wnes i mo'i efelychu o yn hynny o beth. Ond 'rydw i'n siwr 'mod i wedi ceisio dynwared Non ar y maes.'

Ar ddechrau'r rhyfel, ac yntau wedi cofrestru, cafodd Arthur wahoddiad i fynd i Fanceinion am brawf gyda chlwb Manchester United a Non oedd ei gydymaith ar y diwrnod tyngedfennol hwnnw pan chwalwyd ei freuddwydion ar y cae chwarae yn Ashton Under Lyme.

Fel i lawer llanc arall a roddodd ei fryd ar gael chwarae i un o'r timau mawr, profiad cynhyrfus i Arthur oedd sefyll ar y platfform yng ngorsaf Manceinion, pâr o esgidiau pêl-droed yn sgleinio fel swllt wedi eu clymu ar glust y bag bach yn ei law a blodyn coch yn ei frest, er mwyn i gynrychiolydd y clwb ei adnabod yn y dyrfa. Ond gynted ag yr oedd ar y cae diflannodd pob nerfusrwydd ac 'roedd wrth ei fodd yn clirio'r bêl o'r cefn. Cafodd ei symud wedyn i safle canolwr a theimlai ei fod yn cael eithaf hwyl arni. Yn anffodus, ychydig cyn hanner amser digwyddodd rhywbeth a roes derfyn ar ei obeithion ac mae'n cofio'r digwyddiad fel 'tase hi'n ddoe.

'Mi ddoth y bêl i lawr y canol a disgyn i'r hogyn oedd yn chware yn f'erbyn i, ryw lathen neu ddwy o 'mlaen i. Finne'n disgwyl iddo fo droi efo'r bêl ac yn barod i'w rwystro fo, ond ddaru o ddim stopio'r bêl. Be wnaeth o 'blaw troi rownd fel *pivot* a swingio'i droed i daro'r bêl a finne yn ei ffordd hi. Yn naturiol, mae rhywun am osgoi cael ei frifo, ac mi godes fy llaw o fy mlaen i'm harbed fy hun, ond mi ce's hi ar gefn fy llaw efo blaen ei droed o. 'Roeddwn i mewn anferth o boen ac mi stopiodd y reff y gêm ac i ffwrdd â fi oddi ar y cae. Mi ges y dŵr oer, ond mi sylweddol- wyd 'mod i wedi torri rhywbeth ac i ffwrdd â fi fel yr oeddwn i, efo côt law drosta i, am y Royal Infirmary, Non a finne. Cael *X-ray*. Asgwrn un bys a dau asgwrn o gefn y llaw wedi torri. Setio rheini a chael plastar bron at fy mhenelin. Dod yn ôl, newid a 'molchi — ac 'roedd y gêm newydd orffen.'

Er iddo gael llythyrau'n cynnig iddo fynd yn ôl am brawf wedi hynny, a hefyd oddi wrth Glwb Wrecsam, erbyn hynny 'roedd y rhyfel wedi torri a llai o apêl i fachgen fynd i chwarae'n broffesiynol. 'Roedd rhieni Arthur yn ofni y byddai mewn perygl o gael ei alw i'r fyddin hefyd petai'n mynd i chwarae pêl-droed ac fe addawodd iddyn nhw nad âi o ddim. Yr unig beth sydd ganddo i gofio am y diwrnod mawr yw ôl blaen esgid ar y migyrnau ar gefn ei law chwith.

I dynnu sylw'r clybiau mawr mae'n rhaid fod gan Arthur allu arbennig fel peldroediwr, a phwy'n well i sôn am hynny na Glyn Jones a fu'n cydchwarae ag ef o ddyddiau mebyd yn y Plase hyd y dyddiau mawr pan oedd y ddau'n aelodau o'r 'tîm gore fuo yn y Bala erioed.' Bu Glyn am brawf gydag Everton ond, chwedl yntau, 'yn ôl i'r Bala y daethon ni'n dau. Odd Cae Mawr a'r llyn yn tynnu gormod.' Ond am fedr Arthur ar y cae, 'does ganddo ddim amheuaeth.

'Odd o'n chwaraewr da, yn fachgen cry' iawn ac yn galed, 'dach weld. Fase waeth ichi yrru tracsion yn ei erbyn o ddim, fydde fo ddim gwaeth. Weles i Arthur yn tatshio gwaedu ar ôl damwen ar y cae. Codi odd'ar lawr a finne'n gofyn,

"Dafydd, ti'n iawn, washi?"

"Ydw, 'dw i'n oreit iti."

Dim ond sychu'r gwaed efo'i jersi, 'te.

Efo cic gornel, wrth bod Arthur yn fachgen mor gry' a finne 'run fath, fyddwn i'n deud wrtho fo,

"Safa di'n fan'ne rwan."

Wedyn efo pêl uchel ôn i'n ca'l neidio ar gefn Arthur, ychi, ar ei 'sgwydde fo, a dal y bêl, yntê!

Tase rhywun wedi gofyn i Arthur godi a dweud gair 'radeg honno 'dw i'n meddwl mai dengid i ffwrdd wnâi o. Odd o'n swil, 'dach weld, ond yn rêl gŵr bonheddig ac yn cadw'i ben dan bwyse. Cynhyrfu dim. Weles i un yn mynd yn eger i Arthur, yndê. Finne'n deud,

"Wt ti ishio rhoi socs iawn i hwnna. Siga fo," me' fi.

Fyddwn i'n gwaedu dros 'r hen Arthur ac os cawn i afel yn y diawch wedyn mi rown i rywbeth iddo fo. Ond mi fydde Arthur yn cymryd cic weithie ne hen ffowl fudur a'r cwbl ddeude fo oedd,

"Hidia befo fo, 'da befo fo."
A fo odd yn iawn.

'Doedd o byth yn ddig'wilydd a chlywech chi byth mo'no fo'n rhegi, byth. Ac i feddwl bod o wedi ei fagu'n ddigon *rough* fel ninne yng nghanol rhai garw, ychi. Wannwyl dad, fydde yno le yn y Plase weithie, chi. Fydden ni'n hel at naw o'r gloch bob nos Sadwrn i weld Bob Yates a Dan Jo Bach yn dod adre 'di meddwi . . . Ie, un da oedd Arthur.'

Bechgyn lleol oedd aelodau tîm y Bala a'r rhan fwyaf ohonyn nhw'n gweithio ar y lein. Rhaid cofio fod oddeutu cant yn cael eu cyflogi ar y rheilffordd yno bryd hynny. Erbyn diwedd y flwyddyn 1946 'roedd tîm y Bala wedi cyrraedd pedwaredd rownd Cwpan Cymru. Cafodd ei dynnu i chwarae yn erbyn tîm yr Amwythig a mawr oedd y cyffro yn yr ardal pan lwyddodd i ddod yn gyfartal â'r gwŷr proffesiynol a'r sgôr yn 1-1 pan chwaraewyd y gêm gyntaf yn y Bala. Dywedir na fu rheolwr y tîm o Loegr erioed yn gweddïo cymaint am glywed y bîb olaf ag a wnaeth y diwrnod hwnnw.

Yn *Y Cyfnod* (1.1.1947) mae'r gohebydd chwaraeon, *Spectator,* yn awgrymu nad oedd cefnogwyr tîm yr Amwythig wedi derbyn y canlyniad gyda gormod o raslonrwydd ac mae'n dyfynnu barn y *Shrewsbury Chronicle* lle mae'r gohebydd o Sais yn wawdlyd iawn o'r cyfleusterau yn y Bala. *'Crude'* yw'r gair! Mae'n feirniadol o'r ffaith fod y timau wedi gorfod newid mewn tŷ tafarn i lawr y ffordd a cherdded i'r cae a bod y ddau dîm yn gwisgo sanau glas a gwyn am fod yr Amwythig wedi gorfod rhoi benthyg sanau i hogiau'r Bala! Ac i wneud pethau'n waeth, yn ôl y gohebydd a oedd yn amlwg wedi teimlo'r sarhad i'r byw, 'roedd y chwaraewyr wedi gorfod 'molchi mewn bwcedi yn iard y dafarn. Mae gohebydd arall yn yr un papur, wrth gyndyn longyfarch y Bala ar eu llwyddiant, yn awgrymu'n nawddoglyd eu bod nhw, efallai, yn haeddu bod yn gyfartal oherwydd eu

penderfyniad, gan ychwanegu fod y Cymru mor sicr eu traed
â geifr a'u cefnwyr yr un mor ben-galed!

Aelodau tîm y Bala oedd Glyn Jones yn y gôl, Arthur
Rowlands a Dennis Hughes, cefnwyr, Ianto Edwards, Arthur
Davies a John Gwilym Thomas, hanerwyr, Gwynoro
Roberts, Billy Newell, Ieuan James (Flash) Owen, Frankie
Davies a Dr. Maurice Jones yn y llinell flaen.

'Roedd Arthur yn ei elfen ar y cae pêl-droed a gohebwyr y
cylch, os nad yn symud mynyddoedd, yn mynd trwyddyn
nhw o un i un wrth geisio cyfleu ei ddawn ef a'i frawd,
Trebor, fel cefnwyr. Aran, gohebydd *Y Seren,* yn sôn fod 'y
brodyr Rowlands o'r Llan mor gadarn â'r Garth Bach, yn
gwarchae fel cewri' a thro arall yn dweud eu bod 'mor soled
â'r Arenig', ac i goroni'r cyfan, *Spectator* yn cyffelybu'r
ddau i graig Gibraltar!

Stori bur wahanol oedd hi pan aeth y tîm i herio'r
Amwythig ar eu tir eu hunain yn y Gay Meadow. Erbyn hyn
'roedd Arthur wedi ymuno â'r heddlu ac yn gweithio yn
Nhywyn i aros am le ar y cwrs hyfforddi. Teithiodd o Dywyn
ar y trên a disgwyliai ymuno â gweddill y tîm a oedd yn
teithio mewn bws o'r Bala, ar y cae. Ond 'roedd pethau wedi
dechrau mynd o chwith i'r hogiau ar y ffordd. (A dylid cofio
fod rhai ohonynt wedi cael anawsterau mawr i fynd o gwbl.
John Gwilym, er enghraifft, wedi gorfod dechrau ar ei waith
fel taniwr am bedwar o'r gloch y bore er mwyn gorffen mewn
pryd.) 'Roedd y bws wedi torri ar y ffordd a dim ond ychydig
o'r hogiau oedd wedi cyrraedd o flaen Arthur, wedi llwyddo i
gael pas mewn ceir. Ond yn ôl y rheolau, os oedd saith o
chwaraewyr ar y cae 'roedd yn rhaid dechrau chwarae. Fe
gyrhaeddodd y gweddill bob yn un, ond 'roedd hi bron yn
hanner amser cyn i'r tîm i gyd fod allan. I wneud pethau'n
waeth, 'roedd hi wedi bod yn bwrw hen wragedd a ffyn ac
'roedd y Meadow yn bopeth ond Gay. 'Roedd y cae wrth yr
afon ac yn neilltuol o drwm.

''Roedd hi'n haws i gefnwr,' meddai Arthur, 'ond
rhaid ichi gofio mai pêl ledr oedd hi'r amser honno ac

47

'roedd hi'n llyncu dŵr. Fi fydde'n cael y gwaith o gicio allan yn lle Glyn, am 'mod i'n medru rhoi troed iddi, a fues i â *muscles* ar fy nghoese am flynyddoedd ar ôl bod yn cicio'r bêl honno! Wrth gwrs bod yr Amwythig yn well tîm ac wedi arfer ar y cae trwm, ac fe gawson ni gosfa go lew!'

Ac er fod y sgôr o 9-1 yn ergyd go arw i'r tîm nad oedd wedi colli 'run gêm yn ystod y tymor cyn hynny, fel y dywed *Spectator* yn ei adroddiad yn *Y Cyfnod* (8.1.1947) 'doedd tîm y Bala ddim yn haeddu'r fath gurfa, a rhoddai glod arbennig i Glyn am ei chwarae ardderchog. Sylw'r goli ffraeth, a gafodd ei gario oddi ar y cae gan y dorf, am y gêm oedd,

> 'Guson ni gythgam o gweir yno, ond 'dw i'n meddwl fod 'no saith mil o bobl yn y dyrfa a ddaethon ni â tua £250 o siâr o'r giat yn ôl, arian mawr i glwb bach, cofiwch.''

Cadeirydd Clwb y Bala oedd Y Rhingyll James Hywel Morris, dyn yr oedd gan y tîm feddwl y byd ohono, fel y tystia Glyn Jones.

> 'Fydde Sarjant Morris yn ein gwylio ni fel barcud ar ddydd Sadwrn, gofalu na chaen ni ddim smocio na dim byd. O, odd gynnon ni ei ofn o, chi, ond dyn da oedd Sarjant Morris a biti na fase fo yn y Bala 'ma heddiw.'

'Roedd diddordeb Sgt. Morris ym mechgyn ifanc y dref 'yn talu ar ei ganfed' iddo, chwedl yntau. Rhoddai bwys mawr, fel swyddog yn yr heddlu, ar gyd-ddealltwriaeth a chydweithio â'r cyhoedd, a pha ffordd well i feithrin ymddiriedaeth na thrwy gefnogi'r hogiau. Mae'n fawr ei glod i'r gefnogaeth a gafodd yntau yn ei ymdrech gyda'r clwb. Prynwyd cae am £1,000 a chlirio'r ddyled o fewn blwyddyn. Caed y *War Ag.* i'w lefelu.

> '''Roedd pawb efo chi,'' meddai.

Hwn oedd y gŵr, yn anad neb, a ddenodd Arthur i'r

heddlu ac yn ei gartref yn Aberaeron soniodd am yr agweddau ar gymeriad y cefnwr o'r Parc a dynnodd ei sylw.

"Roedd hi'n flwyddyn ar ôl y rhyfel ac 'roedd angen am fechgyn i ymuno â'r heddlu. 'Roedd fy llygaid yn agored am fechgyn addawol. Fe ddywedir fod y cae pêl-droed yn un o'r llefydd gorau i weld cymeriad bachgen. Cefnwr ar y dde oedd Arthur a gwelais gryfder ei gymeriad ar ei orau ar y cae. 'Roedd yn gefnwr cryf, cadarn fel y graig, yn clirio'r bêl i ben draw'r cae pan oedd angen. Chwaraeai heb golli ei dymer ac yn deg iawn bob amser. Gan ei fod hefyd yn agos i chwe throedfedd o daldra, yn hardd a chadarn o gorff, ac yn dod, wrth gwrs, o ardal Llidiardau a hogiau Llidiardau'n hogiau da, glân eu buchedd, y canlyniad fu imi ei berswadio i ymuno â'r heddlu.'

Yn y cyfnod hwn 'roedd llawer o fechgyn wedi dychwelyd o'r fyddin yn ymuno â'r heddlu i gymryd lle'r rhai a gollwyd. Stori dda yw honno a glywodd Arthur am Brif Gwnstabl Sir Gaerfyrddin, T. H. Lewis yn holi rhai o'r bechgyn hyn mewn cyfweliad, rai ohonyn nhw wedi bod yn y gwarchodlu ac wedi dringo'n gapteiniaid ac uwch-gapteiniaid. Pan ddaeth un o'i flaen a oedd wedi aros yn filwr cyffredin trwy gydol y rhyfel, meddai wrtho,

'Chefaist ti ddim dyrchafiad o gwbl?'

'Naddo, syr,' meddai'r milwr.

'O, wnest ti ddim gwneud yn dda iawn felly, naddo?'

'O, do wir, syr.'

'Wel, sut 'rwyt ti'n medru dweud hynny?'

'Mi ddois yn ôl, syr.'

Ymhlith y rhai a ddaeth yn ôl i Feirion ac ymuno â'r heddlu 'roedd llawer o gydnabod Arthur, amryw ohonynt yn ffrindiau ysgol iddo. 'Roedd o hefyd yn cofio fod ei dad, Rice Rowlands, wedi meddwl mynd yn blismon ar un adeg ac wedi dweud wrtho fwy nag unwaith,

'Biti na faset ti wedi gwneud mwy o dy ysgol a mynd yn dy flaen.'

Rhwng popeth, felly, doedd dim angen llawer o berswâd ar Arthur i wneud cais am le. Er nad oedd hynny'n hawdd, llwyddodd i gael ei ryddhau o afael y *War Ag.* yn Sir Ddinbych, mynd yn ôl i weithio yn ei gynefin am gyfnod byr, ac ym mis Tachwedd 1946 cafodd ei alw i Bencadlys Heddlu Sir Feirionnydd am gyfweliad a phrawf ysgrifenedig. Y gŵr a oedd yn gyfrifol am osod y prawf oedd y prif glerc, Y Rhingyll W. J. Glasfryn Lewis, ac wedi i Arthur gwblhau'r papur ac iddo yntau weld ei fod yn ddigon da i gael ei dderbyn, trefnodd iddo gael archwiliad meddygol ac fe gadarnhaodd y meddyg ei fod yn holliach gan ychwanegu,

''Rydech chi'n siŵr o gael deng mlynedd ar hugain allan o hwn.'

'Roedd y Prif Gwnstabl, Richard Jones, yn mynnu gweld cerddediad pob un a fyddai'n cael ei dderbyn i'r heddlu yn Nolgellau.

'Fydde fo a fi,' meddai'r cyn-Arolygydd Glasfryn Lewis, 'yn mynd i sefyll ar risiau drws ffrynt Swyddfa'r Heddlu a'r ymgeisydd yn gorfod cerdded rhyw hanner can llath a chwaneg i fyny'r ffordd, a a 'dw i'n cofio'n iawn, Arthur yn mynd ar ei orymdaith fechan a'r hen *Chief* yn deud wrtha i, ar ôl ei weld o'n symud rhyw ugien llath, bod gynno fo gerddediad ffarmwr a bod ffarmwr yn cerdded yn iawn, yn bwyllog ac yn bwrpasol ac na fydde 'ne fawr iawn o waith ei newid yn gerddediad plisman.'

Un peth arall a gofia Glasfryn Lewis am y diwrnod hwnnw yw geiriau'r Prif Gwnstabl ar ôl i Arthur droi am adre wedi cael ei dderbyn fel heddwas, geiriau a lanwodd ei feddwl yn greulon o eironig flynyddoedd yn ddiweddarach.

'Wyddoch chi beth ôn i'n ei hoffi ynghylch yr hogyn yna?' meddai.

'Na wn i, syr.'

'Ei lygaid o.'

Ymuno â'r Heddlu

Ymunodd Arthur â'r heddlu yn Nolgellau ar 16 Rhagfyr, 1946, ac o'r diwedd cafodd wisgo siwt go iawn yn lle'r hen drowsus plismon wedi ei droi heibio a wisgai i weithio ar y tir. Wedi pythefnos yn Nolgellau anfonwyd ef i Dywyn i aros ei dro ar y cwrs hyfforddi. Bu yno am dri mis ac yno 'roedd o yn ystod eira mawr 1947. Ar 7 Ebrill y flwyddyn honno aeth i Ganolfan Hyfforddi'r Heddlu ym Mryn Cethin, Penybont-ar-Ogwr, ac ymhlith ei ffrindiau yno 'roedd Dafydd John Williams, brodor o Sir Ddinbych, Goronwy Owen a William Henry Jones o'r Berffro, Robin Owen o Ddyffryn Nantlle a William Jones o Landwyfach, 'Wil *Eighty Two*'. Cafodd Wil y llysenw hwn oherwydd mai 82 oedd ei rif yn yr heddlu. 'Roedd o'n dipyn o gymeriad a daeth i'w ran i fod o gymorth amhrisiadwy i Arthur wedi hynny.

Ym Mryn Cethin, yn ogystal â dysgu rhyw grap ar y gyfraith, drilio a gorymdeithio, rhoddid pwys mawr ar ddefnyddio'r cof a datblygu sylwgarwch. Byddai'r hyfforddwyr yn actio sgets fach, golygfa o ystafell yn swyddfa'r heddlu, er enghraifft. Wedyn disgwylid i'r *recruits* ateb llu o gwestiynau manwl am yr hyn a welsent. Hen wersyll y fyddin oedd Bryn Cethin a defnyddid y ffyrdd yno fel strydoedd a hen adeilad fel esgus o dafarn, creu pentref ffug a chael y rhingyll i smalio gyrru car o dan ddylanwad y ddiod.

Rhoddid yr heddwas ar ddyletswydd ar y gornel a disgwylid iddo fynd trwy'r holl broses o restio'r meddwyn, cymryd datganiad ganddo, mynd ag ef o flaen ei well a rhoi tystiolaeth yn y 'llys'. Dysgu trwy actio. Ond ar Orffennaf 4, 1947, ar ôl tri mis, daeth y cwrs a'r chwarae i ben a dechreuodd yr Heddwas 36, Arthur Rees Rowlands ar ei waith yn Nolgellau o dan lygad tadol y Rhingyll W. J. Glasfryn Lewis sy'n dweud amdano,

> ''Roedd yn ddigon hawdd gweld o'r cychwyn ei fod o'n fachgen hunanfeddiannol, pwyllog a digon o synnwyr cyffredin ganddo. 'Doedd dim byd yn ei gynhyrfu ac 'roedd o'n setlo i lawr yn dda iawn at ei ddyletswydde fel plismon ac yn fachgen hawdd iawn delio efo fo — dim trwbl o gwbl, dim poen ichi ynghylch y ffordd 'roedd o'n ymddwyn ar y stryd, yn fonheddig iawn at y cyhoedd ac yn ddi-ofn. Os bydde 'ne dipyn o helynt ar y stryd, deudwch, ar nos Wener ne nos Sadwrn, 'roedd Arthur yn ddigon parod i fynd i mewn a stopio unrhyw drwbl. 'Doedd o byth yn colli ei ben a 'doedd y swydd ddim wedi mynd i'w ben o.'

Daeth cyfle i Arthur brofi ei allu i Sgt. Lewis yn fuan wedi iddo ddechrau yn Nolgellau. Ar ôl amser cau, tua naw o'r gloch ar nos Sadwrn, tueddai bechgyn ieuanc y dre hel at ei gilydd yn y toiledau wrth y Bont Fawr, ac yno y bydden nhw'n canu.

'Arthur,' meddai Sgt. Lewis wrth glywed y bechgyn yn ei morio hi, 'wyt ti'n gwybod dy waith? 'Dw i eisie iti droi rheine allan o fan'ne.'

'Roedd Arthur yn adnabod amryw ohonyn nhw ac i mewn â fo i'w canol a'r cwbl ddwedodd o wrthyn nhw oedd,

'Un gân eto, hogie, a 'dw i'n gobeithio'r ewch chi i gyd allan wedyn.'

'Duw, ie, chware teg rwan, un gân arall,' meddai un o'r criw.

Wedi canu, allan â nhw i gyd ond un. 'Roedd hwnnw

52

eisiau dal ati, ond gafaelodd Arthur ynddo a'i wthio'n ddiseremoni allan i ganol y stryd lle 'roedd y rhingyll yn aros.

'Be 'di mater arnat ti?'

'Plisman yn gas wrtha i a finne isio—'

'Well iti fynd adre, Ifan. Mae P.C. Rowlands yn hogyn cry', abal, cofia, a 'rydw i'n gofyn iti fynd,' meddai'r rhingyll.

Ar ôl iddo fynd,

'Dywed i mi,' meddai Sgt. Lewis wrth Arthur, 'sut ce'st ti nhw allan?'

Eglurodd yntau sut y bu ac mai'r unig ffordd, hyd y gwelai ef, oedd trwy deg.

'Wel, 'rwyt ti wedi dangos mai chdi ydi'r bos hefyd,' meddai'r rhingyll, 'achos wnest ti ddim lol efo'r un oedd yn gwrthod. Mi wnei di'n iawn.'

'A che's i ddim trafferth efo nhw wedyn,' meddai Arthur, 'dim ond ambell un o dro i dro.'

'Roedd Glasfryn Lewis yn ŵr bonheddig o blismon ac 'rydw i'n dal i gofio ei gynghorion o, ei bod hi'n bwysig bod yn barchus, yn bwysig i blismon ennill parch, ei bod hi'n bwysig bod yn deg bob amser a gofalu bod unrhyw beth o blaid diffynnydd yn cael ei roi mewn adroddiad yn ogystal â'r hyn oedd yn ei erbyn.

Peth arall y rhoddai Glasfryn Lewis bwys mawr arno oedd cwrteisi tuag at y cyhoedd.

"Os cewch chi blismon sy'n barod i siarad â'r cyhoedd," medde fo, "dymuno 'Bore da' neu 'Nos da' iddyn nhw, wel, dyna'r plismon sy' debycaf o gael gwybodaeth. Mae'r bobl yn barod i fynd ato fo."

Wrth gwrs, 'roedd y cwrteisi hwn yn ail natur i Arthur. 'Roedd o wrth ei fodd yn sgwrsio efo pobl.

Gallesid dweud mai bywyd heb fawr o ramant nac antur nac arwriaeth yn perthyn iddo oedd bywyd plismon ers talwm ac mae'n debyg mai oherwydd ei anarbenigrwydd y rhoddwyd lle mor anrhydeddus iddo mewn cymaint o ddramâu — fel testun gwawd. Erbyn heddiw, fodd bynnag, a cheidwad yr heddwch yn ymddangos mor ddiwyneb ac mor ddigymeriad â'r streipen ar ochr ei gar panda, mae llawer un yn gresynu nad yw'r glas gwarcheidiol, rhadlon yn bod yn y gymdogaeth mwyach a mawr yw'r golled ar ei ôl.

Cyn y medr neb amgyffred yn llawn natur gwaith a chyfrifoldeb y plismon yn ystod pedwar a phumdegau'r ganrif hon rhaid cofio fod amgylchiadau yng nghefn gwlad Cymru bryd hynny'n bur wahanol i'r hyn ydynt heddiw. 'Roedd ceir yn gymharol brin ac ar ddau droed neu ddwy olwyn y teithiai pobl o le i le. 'Doedd dim sôn am y *walkie-talkie* ac 'roedd hyd yn oed y teleffon yn declyn dieithr iawn mewn llawer o gartrefi. 'Roedd y nos yn nos bryd hynny, hyd yn oed yng nghanol y pentrefi, gan fod yr ychydig lampau'n cael eu diffodd ymhell cyn hanner nos. Ond er gwaethaf y diffyg cyfleusterau 'roedd gan y bobl sicrwydd fod yna rywrai, a ystyrid yn golofnau'r gymdeithas, y gellid dibynnu arnynt i fod wrth law o hyd, yn barod i roddi cymorth ym mhob argyfwng. Y rhain oedd y meddyg, y gweinidog, yr ysgolfeistr ac wrth gwrs, y plismon.

Gallasai plismon gael ei gyfri'n un *da* petai'n gwneud ei ddyletswydd yn gydwybodol drylwyr, yn ddi-ofn a heb ddangos ffafr tuag at neb, yn enwedig petai hefyd yn gymeradwy o ran ei gymeriad ac yn fawr ei barch yn y gymdogaeth. Ond pe ychwanegid, at y cymwysterau uchod, gefndir trwyadl wledig, magwraeth a roddai bwys mawr ar barchu a helpu cyd-ddyn ac ar fod yn eirwir, diddordeb mewn cicio pêl a chwaraeon yn ogystal ag yn y 'pethe', ac yn bennaf oll, hoffter o bobl — pe ychwanegid yr holl rinweddau hyn, yna byddai gennym y bod prin hwnnw, yr 'heddwas gwlad penigamp', a dyna'r geiriau a ddefnyddiodd y Rhingyll T. Hywel Morris i ddisgrifio Arthur.

Gweithiodd fel heddwas am bedair blynedd ar ddeg, yn Nolgellau, Y Bermo, Abergynolwyn a Chorris. 'Roedd wrth ei fodd yn y gwaith ac mae rhai o brofiadau'r blynyddoedd hynny, y llawenydd a'r tristwch yn dal yn fyw iawn yn ei sgwrs.

Treuliai plismon lawer iawn o'i amser yn cerdded y stryd, yn y golwg ac yn cadw golwg, wrth law pan fyddai ei angen i reoli trafnidiaeth, i gyfarwyddo pobl ac i wrando eu cwynion am bawb a phopeth, o blant yn curo drysau i wŷr yn curo'u gwragedd. Pan ddigwyddai trosedd 'roedd yn rhaid paratoi adroddiad, ac os byddai'r drwgweithredwr yn cael ei ddwyn gerbron llys 'roedd gofyn paratoi tystiolaeth. Ond os byddai'r drosedd yn un gymharol ddibwys 'roedd Arthur yn credu fod rhybudd yn ddigonol yn aml iawn.

''Rydw i'n teimlo,' meddai, 'y dylai plismon a thipyn o brofiad ganddo gael rhyddid i roi rhybudd yn ei le. John Jones, er enghraifft, yn cael ei ddal yn gyrru beic heb ddim gole. 'Dech chi'n ei stopio fo. John Jones yn dweud,

''Mae'n ddrwg iawn gen i.''

''Ti'n gw'bod dy fod ti'n torri'r gyfreth?''

''Ydw, syr.''

''Wel, gofala nad wyt ti'n reidio beic heb ddim gole eto.''

Os ydi o'n gall, wneith o ddim, ond 'tase fo, ar ôl cael rhybudd, yn cael ei ddal yn gwneud yr un peth eto, mi fase'n cael ei riportio, yndê, heb os.

Mi gewch chi rai dig'wilydd yn manteisio arnoch chi ac yn gwneud 'run peth wedyn y tu cefn ichi, a fyddwn i ddim mor barod i roi maddeuant i'r rheini.'

'Roedd gwybodaeth o Gymorth Cyntaf yn hanfodol i blismon a bu Arthur, ar ôl pasio'r arholiadau angenrheidiol, yn aelod o dîm yr heddlu yn cystadlu dros ei sir, a thros Ranbarth Meirionnydd yn ddiweddarach, yn y cystadlaethau. A phan ddigwyddai damwain mewn gwirionedd 'roedd y gallu i gadw'i ben ac ymddangos yn hunanfeddiannol cyn bwysiced bob tamaid ag oedd gallu i ymgeleddu. Mewn sefyllfa lle mae pawb ar draws ei gilydd yn ceisio helpu mae'n bwysig cael un sydd â'r awdurdod i ddweud 'Cedwch draw' a 'Cerwch o'r ffordd' wrth rai sy'n ffraeo ac yn gwrthod symud i wneud lle i drafnidiaeth fynd heibio.

'Y cwestiwn cyntaf mae'n rhaid i'r plismon ei ofyn ydi, "Oes 'ne rywun wedi brifo?" ac os oes, gofalu ei fod yn cael sylw. Os ydi o'n gwaedu, rhaid ceisio stopio'r gwaed. Rhaid penderfynu ydi hi'n saff i'w symud o. Rhaid cael y meddyg. Heddiw mae'r radio mor gyfleus. Yn f'amser i, 'doedd dim ffasiwn beth.

Ym mhob damwen mae 'ne fai, i radde, on'does? Rhaid gwneud adroddiad, rhaid gofalu bod gynnoch chi ddigon o dystioleth. Efallai bod eisiau tynnu lluniau a mesur y ffordd.

'Roedd 'ne lawer o ddamweinie o gwmpas Abergynolwyn oherwydd fod y ffordd yn gul.'

Mae'r diffyg parch a ddangosir tuag at y plismyn heddiw yn peri tristwch i Arthur. Teimla nad oes gan y rhan fwyaf o bobl syniad o gwbl waith mor anodd sydd ganddynt yn aml. Dim ond pan ddigwydd trychineb erchyll y byddant yn sylweddoli maint y cyfrifoldeb a roir arnynt.

'Mae'n dda cael cyfreth,' meddai, 'ond mae tipyn bach o gerydd yn gwneud mwy o les yn aml iawn na chario'r gyfreth i'r pen draw. Unweth y dowch chi i nabod pobl mi ddowch chi i wybod sut i'w trin nhw. Bydd pobl yn gofyn i mi,

"Sut 'den ni'n mynd i roi terfyn ar yr holl hwliganiaeth a'r fandaliaeth sy'n bod heddiw?"

Fy ateb i ydi disgyblaeth. Mae'n rhaid inni ddod yn ôl at yr aelwyd. Fanno mae dechrau. Mi fedrwch chi wneud llawer trwy ddisgyblaeth ac esiampl.

'Roedden ninne'n gwneud dryge, cofiwch, ond ddim i'r fath radde. Mae 'nhw'n gweld gormod o erchylltra ar y teledu heddiw, gweld plisman mewn sgarmes yn Llundain, efallai, a chael sbort iawn wrth weld rhywun yn taro ei helmed o i ffwrdd. Ddigwydd-odd hynny erioed i mi, ond 'dw i'n siŵr y bydde llawer yn barod i drio heddiw.

Mae 'ne ormod o reole. Fedrwch chi ddim rhoi'r ʒosb fase'n gwneud lles — chwip din iawn efallai — heb i'r tad a'r fam ddwyn achos yn eich erbyn chi. Gresyn o beth na fase ambell i riant yn medru deud, "Wel, dyna'r wers ore a gafodd fy mab i."
Glywes i dad yn deud wrtha i yn Abergynolwyn,

"Gwrand'wch, Mr. Rowlands. Mae gynna i ddau hen walch bach drwg. Hen hogie iawn, cofiwch, ond mae nhw'n dacle direidus. Os gwelwch chi nhw'n gwneud dryge, 'rydw i'n rhoi caniatâd ichi roi ochr pen iddyn nhw."

"Gwrandwch chithe," medde fi. "Os gwela i nhw'n gwneud drwg fydda i ddim eisie caniatâd neb. Mi ro 'i ochr pen iddyn nhw a chic yn eu pen-ole hefyd os byddan nhw'n ei haeddu o. Ond, 'welwch yma, 'dydw i ddim yn mynd i fod yn dad iddyn nhw. Eich lle chi ydi eu disgyblu nhw fel na fyddan nhw ddim yn gwneud dryge."

"Well said," medde fo.
A 'dw i'n meddwl fod y ddau hogyn wedi troi allan yn ardderchog.

Ma'r plismon pentre wedi diflannu o ormod o lefydd, ond yn ara bach mae nhw'n dod â nhw'n ôl, a diolch i'r drefn am hynny.'

O dro i dro deuai i ran Arthur i wneud pethau pur annymunol. Torri newyddion drwg, er enghraifft. Cael cenadwri ar y ffôn o ysbyty, a hynny ganol nos yn aml,

'Mr Rowlands, ewch chi ddim i'r lle a'r lle a deud wrth Mrs. Jones fod ei gŵr hi wedi marw?'
Ei ymateb greddfol fyddai. 'Wel, pwy sy'n mynd i'w styrbio hi'r adeg yma?' Gadael iddi gysgu am awr neu ddwy, a mynd rhwng 6.30 a 7.00 yn y bore. Wedi torri'r newydd gwneud paned o de.

'Ym mhob math o achosion,' meddai, 'mae pobl yn troi at yr heddlu. Tŷ ar dân, d'wedwch. Rhaid i'r heddlu fynd yno. I beth? I ofalu am y drafnidiaeth ac i hwyluso'r ffordd i'r dynion tân. Helpu i ddarganfod beth achosodd y tân, ai o fwriad neu'n ddamweiniol y cychwynnodd o. Os cewch chi gorff rhywun yn y tŷ rhaid galw'r meddyg. Hwnnw'n dweud fod yn rhaid mynd â fo at y patholegydd. Teithio efo fo mewn hers. Aros yno efo'r patholegydd tra mae o'n agor y corff a gwneud nodiade o'r hyn mae o'n ei ddeud. Mynd adre a gwneud adroddiad ar gyfer y crwner.'

Dro arall byddai rhywun wedi marw'n sydyn a'r meddyg yn anfodlon rhoi tystysgrif marwolaeth nes cael *post-mortem*. Byddai cryn dipyn o achosion o'r fath yn ardaloedd Abergynolwyn a Chorris oherwydd fod llawer o ddynion wedi bod yn gweithio yn y chwareli ac 'roedd yn rhaid cael tystysgrif cyn y gellid gwneud cais am bensiwn i'r weddw os mai'r llwch oedd achos y farwolaeth.

''Rydw i wedi bod yn hapus ym mhob man,' meddai Arthur, 'ond fe ges brofiade trist iawn. Dau blentyn bach, un yn ddyflwydd a'r llall yn dair ar y traeth yn y Bermo a'r ie'nga'n boddi. Y meddyg yn dweud nad oedd dim gobeth a finne'n gorfod ei chario hi yn fy mreichie o lan y môr, mynd â hi i gartre ei thaid a'i nain lle 'roedd ei mam a'i thad wedi dod ar eu gwylie. 'Roedd Carol, ein merch fach ni, tua'r un oed. Profiad emosiynol iawn, ac eto 'roedd yn rhaid ichi fod yn hollol hamddenol, yn barod i helpu'r teulu yn eu profedigaeth yn ogystal â mynd yno wedi hynny i gael adroddiadau.'

Yr adeg honno deuai'r plismon i gysylltiad closiach o lawer â ffermwyr y cylch nag a wna heddiw ac yn hyn o beth, wrth gwrs, 'roedd Arthur yn ei elfen. Yr heddlu oedd yn gyfrifol am ofalu bod rheolau a chyfyngiadau ynglŷn ag anifeiliaid yn cael eu cadw, bod y llyfr symud anifeiliaid yn cael ei gadw'n rheolaidd, bod y ffarmwr yn trin y gwartheg rhag y pry gweryd ac yn dipio'r defaid mewn da bryd, ac os torrai achos o haint go ddifrifol yn y cylch — clwy'r moch, clwy'r traed a'r genau neu'r clwy du — byddai'n holl bwysig iddynt weithredu ar unwaith a chael cydweithrediad y ffermwyr i gyd rhag iddo ledaenu.

Un diwrnod braf ar fore Gŵyl y Banc ym mis Awst, pan oedd Arthur yn gweithio yn y Bermo, galwodd John Tudor, y milfeddyg, yn Swyddfa'r Heddlu a dweud ei fod yn ofni fod y clwy du, neu'r anthracs ar ffarm yn Llanaber. 'Roedd yr Arolygwr O. R. Evans, yntau'n fab ffarm, wedi bod yn yr heddlu ers deng mlynedd ar hugain a dyna'r achos cyntaf iddo orfod delio ag ef.

"Roedd yn rhaid mynd ati ar unwaith,' meddai Arthur, 'i wahardd y ffarmwr a'i gymdogion rhag symud yr un anifel, ac anfon gwybodaeth i'r awdurdodau yn Surrey. Wedyn 'roedd yn rhaid i mi drefnu llosgi cyrff y gwartheg.

Yn ôl y rheole 'roedd yn rhaid gwneud twll mawr efo simne ym mhob pen, cael hyn a hyn o goed a glo ar gyfer pob buwch. Gawson ni hen slipars lein a hanner tunnell o lo, gwellt a pharaffîn, a gosod y coed fel rhyw grud ar ffurf V. Cael tractor wedyn i lusgo'r fuwch, a finne, trwy fy mod i wedi arfer, yn rhoi hen siwt boiler amdana a mynd ati i lusgo'r fuwch, â tshaen am ei gwddw, at ymyl y twll. Dadfachu wedyn ac ail-fachu fel bod y tractor yr ochr draw a llusgo'r anifel yn syth i'r pwll. 'Roedd 'no un fuwch wedi ei chladdu ers wythnos a chwaneg a mi fûm i'n helpu'r ffarmwr a hogyn arall i durio i'w chodi hi. Mae anthracs yn beth peryglus iawn. Mi fedr dyn ei gael o, felly 'roedd rhaid bod yn ofalus.'

Ar brydiau 'roedd modd cyfuno gwaith a phleser, megis pan fyddai gofyn am blismon i gadw trefn o gwmpas y drws mewn drama neu eisteddfod, a chofia Arthur yn dda fel y byddai, ar ôl gorffen ei ddyletswydd yn Eisteddfod Llan-egryn, yn aros yno wedyn am oriau a mwynhau pob munud. Pan ddeuai cyfle byddai wrth ei fodd yn cael mynd ar ddyletswydd i'r Eisteddfod Genedlaethol ac er mai treulio'r rhan fwyaf o'r amser yn cyfarwyddo'r cystadleuwyr i gapeli ac ysgolion ac yn ceisio cadw'r olwynion eisteddfodol, yn llythrennol felly, i droi y byddai, 'roedd cael bod yn yr awyrgylch yn bleser. Yn Eisteddfod Pwllheli 1955 'roedd ar ddyletswydd ym mhabell yr heddlu ar y maes pan ddigwyddodd rhywbeth a barodd iddo dderbyn, ychydig yn ddiweddarach, un o'r llythyrau diolch difyrraf a dderbyniodd plismon erioed. Dyma'r hanes yn ei eiriau ef ei hun.

''Roeddwn i ar y maes bob dydd yn gweithio gwahanol shifftie, weithie wrth adwy'r lorïe, weithie'n cerdded o gwmpas y terfyne, weithie o gwmpas y pebyll ac yn cael cyfle i roi fy nhrwyn i mewn yn y Babell Lên am funud a gwrando ar yr ymryson. Un diwrnod 'roedd fy nhro i i fod ym mhabell yr heddlu yn gofalu am y radio a'r teliffon, ac 'roeddwn i yn y pen pella, allan o olwg y fynedfa. 'Roedd 'ne fwrdd bach wrth y fynedfa a'r Arolygydd John St. David Jones yn eistedd wrtho. Beth glywes i ond llais rhywun yn dweud ei fod o wedi colli ei waled, ac mi 'nabyddes i o'n syth. Llais Llwyd o'r Bryn. Galwodd yr arolygydd arna i i edrych yn y llyfr cofnodion rhag ofn fod rhywun wedi dod o hyd iddi, a phan es i ato fo dyne Bob Lloyd yn deud,

''Dew, 'r hen Arthur. Ti sy'ne? Wel, sut 'rwyt ti, 'r hen ddyn?'' ac yn adrodd ei helynt wrtha i.

'Roedd hi'n braf iawn ac ynte yn llewys ei grys â'i gôt fach dros ei ysgwydd ac 'roedd o'n credu fod y waled wedi syrthio o'i boced o. Ar ôl cofnodi'r peth,

''Oeddech chi'n deud,'' medde fi, ''na 'sgynnoch chi 'run geiniog?''

''Dim dime goch y delyn, fachgen. Ew-annwyl, ma hi'n ddrwg. Dim pres baco na dim.''

"Wel, welwch yma, mae gynna i bres yn fy mhoced. Mi gewch be sy gen i," medde finne ac mi ro's i bunt iddo fo.

"Dew, diolch yn fawr iti, 'r hen Arthur. Bendith ar dy ben di."

Wrth weld y fath afreoleidd-dra dyma'r arolygydd yn holi mewn syndod,

"Dew, ydech chi'ch dau yn 'nabod eich gilydd 'te?"

"Wel, yden, neno'r tad. 'Dw i'n rhyw lun o ddewyrth iddo fo," medde Bob ac egluro fod fy nghefnder, Robert Ellis Rowlands, wedi priodi ei ferch o.

Ac yn wir i chi, yn fuan ar ôl y 'steddfod mi ddoth 'ne bwt o lythyr i Abergynolwyn a siec wedi ei 'sgrifennu yn Gymraeg, y gynta erioed i mi ei gweld. Mae'r llythyr gynna i byth. Mae o yng nghasgliad Trebor Lloyd Evans, *Diddordebau Llwyd o'r Bryn.'*

Dyma'r llythyr, a'r awdur ffraeth wedi methu mis gyda'r dyddiad, mae'n amlwg.

Erw Feurig,
Cefnddwysarn,
Llandderfel.
16/vii/55.

Annwyl Gyfaill,
Wedi oedi dyddiau dyma anfon taleb am yr hyn a fenthycais ym Mhwllheli pan oeddwn ar y clwt am bres baco.

Dyma'r hanes. Nid oedd gennyf ias o amheuaeth nad wedi ei chipio o'm poced yr oedd y waled, gan fod yr ychydig bapurau oedd yn gorffwys wrth ei hochor wedi diflannu hefyd, a chan fod y llyfr siec oddi mewn iddi euthum i fanc y Bala dydd Llun i'w hysbysu rhag ofn. Nos Iau aeth Robt. Ellis i'r Bala a daeth un o'r Bancwyr ato i ddweud fod y waled ar ei ffordd gyda'r trên am y Bala. Rhoddodd fy nghalon naid, ac euthum i gysidro. Cofiais imi alw yn y stesion tua chwech i adael bag yno am ryw deirawr. Grôt oedd yn fy mhoced i dalu, a'r llanc yn gofyn chwech. Tebyg imi dynnu'r waled, a'i gadael ar y cownter trwy i ryw ddyn nad adwaenwn roi dwy geiniog ymhen y grôt i dalu am y bag. Yn y mwrwst hwnnw yr anghofiais ail-bocedu'r waled. Gweli y dilunwch yr euthum drwyddo. Da ei bod yn nos Sadwrn.

Tybed mai o flaen y Palladium nos Wener y cafodd y lleidr gyfle, ond chwarae teg i giwed y grefft honno, maent yn ddieuog y tro hwn.

'Roedd peth sentiment o gwmpas y waled hon. Anrheg priodas Dr. D. Phylips y Coleg i Stanley ac Ethel y *Seren* ydoedd a minnau wedi ei chael gan Ethel i gofio am Stan, ac yn rhyfedd iawn, yr un munudau ag y collais hi bu Ethel farw yn y car ar ei ffordd adref o briodas. Edrychaf ymlaen am gael golwg ar y waled unwaith eto, a bod yn fwy gofalus y tro nesaf.

Mwynheais bob munud o'r Eisteddfod, tebyg fod plismon yr un fath. 'Rwyf newydd orffen ysgrif i'r *Seren* i ganmol rhadlonrwydd plismyn a stiwardiaid Pwllheli. Dylai'r Prif Gwnstabl ei gweld!!

Yr unig un a welais wedi gwylltio yno oedd dynes ychydig yn sidêt, a gŵr braidd yn gyntefig. Daeth hi â chorniaid o laeth pinc yn y piser pasport i'r gŵr. Prin iddo weld teclyn felly erioed, a rhuthrodd iddo yn rhy ffyrnig nes chwydu o'r llaeth am ben dillad y wraig. Brensiach, hi a dafodai, gan ei throtian adref fel pe'n disgwyl buwch a llo!

Diolch yn fawr, yr hen Arthur, am dy hynawsedd i druan heb geiniog. Cei streipen yr ochor draw am weithred fel hon.

Sut mae saint yr Aber? Cofiaf yr eira sydyn hwnnw yn y gaeaf, a Peleg a minnau yn ymlwybro trwyddo hyd Fwlch Tal-y-llyn. 'Steddfod bach eitha' sionc hefyd.

Dal i gofio ein bod trwy briodas yn perthyn. Bydd Lisa [chwaer Arthur] yn fy ngalw yn Dewyrth rownd y flwyddyn.

Bu llu ohonom yn mwynhau noson wrth Lyn Caereini

heno, ac yn sugno'r awyr iachaf, na fu o'r tu fewn i 'sgyfaint neb o'r blaen. Teimlaf fel ebol.

Ydi'r wraig a'r plant yn iawn?

Cofion cynnes iawn,
Llwyd o'r Bryn.

Fe dâl i heddwas fod yn fwy gofalus na'r rhelyw ohonom wrth ddewis ei ffrindiau. Fel y gweinidog, mae'n gorfod ceisio bod ar delerau da â phawb yn y gymdogaeth ac eto'n gorfod bod ar wahân. Ond 'dydy hynny ddim yn golygu nad oes ganddo ffrindiau, ac ymhlith ffrindiau pennaf Arthur yn ystod y cyfnod hwn 'roedd Idris a Nansi Jones a'r teulu o ffarm Dôl-goch, Abergynolwyn.

'Roedd ffarm Dôl-goch wrth ochr y ffordd fawr tua dwy filltir o Abergynolwyn i gyfeiriad Tywyn, mewn lle hwylus iawn i Arthur fedru galw yno ar ei ffordd adref o'i waith. 'Doedd y ffaith ei bod hi wedi hanner nos arno'n gorffen nac yma nac acw. Os byddai golau yn ffenest y gegin fe wyddai y câi groeso. Fyddai hi ddim yn syndod o gwbl i Nansi, pan fyddai wedi noswylio ar nos Sadwrn a gadael 'Jones' â'i drwyn yn y *County Times,* glywed sŵn llestri — arwydd sicr fod Arthur wedi galw ac y byddai'n berfeddion ar Idris yn dod i'r llofft. Dyna lle y bydden nhw'n sgwrsio, am oriau weithiau, yn trin a thrafod gwaith y ffarm ac yn rhoi'r byd yn ei le.

Ambell dro byddai Mair, chwaer Nansi, a'i gŵr, Hubert, gartref o Wrecsam a byddai'r sgwrs bryd hynny'n troi o gwmpas campau'r tîm pêl-droed. Ond nid siarad yn unig a wnâi Arthur yn Nôl-goch. Byddai wrth ei fodd yn rhoi help llaw ar ddiwrnod cneifio ac yn y cynhaeaf.

Un dydd clywodd Idris sŵn mawr, fel darn o sinc yn syrthio, yn dod o gyfeiriad tro Tŷ Gwyn a beth a welodd o ond hen Austin 7 1935 Arthur ar ei ochr ar y ffordd a'r gyrrwr yn crafangio allan ohono, yn amlwg wedi dychryn yn arw a golwg 'Wel, be andros ddigwyddodd rwan?' ar ei wyneb. Erbyn gweld 'roedd y tracrod wedi torri.

''Roedd Arthur wedi cael sioc ofnadwy', meddai Idris, 'pan sylweddolodd o beth all'se fod wedi digwydd 'tase Olive a'r plant efo fo. Ond doedd dim i'w wneud ond llusgo'r hen gar bach i'r sied, ac yma mae o byth, wel, ei gorpws o felly. Mae'r darne rhydd wedi diflannu — bob yn damed.'

Bu Arthur yn benthyca car Dôl-goch am sbel wedi hynny, ac Idris ddim ond yn rhy falch o gael ei helpu.

''Roedd parch i Arthur yn Abergynolwyn,' meddai Idris. ''Roedd o'n bersonoliaeth ag awdurdod ganddo fo. 'Doedd dim angen iddo fo ddeud gair, dim ond mynd i'r golwg. Fydde 'ne byth drafferth.'

Y Peldroediwr Eto

Parhaodd diddordeb Arthur mewn pêl-droed drwy gydol ei flynyddoedd fel heddwas. 'Roedd Rhys, mab Richard Jones y Prif Gwnstabl yn ysgrifennydd Clwb Pêl-droed Dolgellau ac fe ymunodd Arthur â thîm pêl-droed y dre ac fe'i gwnaed yn gapten arno. Yn ystod y tymor 1947-48 'roedd yn chwarae mewn gêm brawf ar gyfer dewis tîm amatur i Gymru, ond cafodd anaf yn ystod y gêm a cholli ei gyfle.

'Mi fydde wedi bod yn braf cael fy newis i chware dros fy ngwlad,' meddai.

Pan symudodd i'r Bermo 'roedd yno dîm yn chwarae yn Adran Gyntaf Cynghrair y Cambrian a thîm ieuenctid. Bu'n chwarae i'r ddau ac yn gapten ar y bechgyn ifanc. 'Roedd saith o aelodau'r tîm hwn dan ddwy ar bymtheg oed ac am ei brofiad gyda'r rhain dywed Arthur,

''Rydw i'n meddwl mai'r adeg hynny ddaru fi fwynhau pêl-droed fwya erioed. 'Roedd yr hogie ifinc 'ma'n werth eu gweld yn chwarae a finne fel ''ein tad ni oll'' yn eu canol nhw!'

Bu'n gapten ar y tîm hŷn hefyd nes iddo symud i Abergynolwyn yn 1953.

Yn y cyfamser, pan unwyd heddluoedd siroedd Môn, Caernarfon a Meirionnydd ym mis Hydref 1950, codwyd tîm i gynrychioli Heddlu Gwynedd ac Arthur oedd ei gapten cyntaf. Arferai chwarae i'r Bermo ar ddydd Sadyrnau ac i'r heddlu yng nghanol yr wythnos.

''Rown i'n ffit yr adeg hynny, heb ddim amheuaeth. Mi fyddwn i'n chwarae badminton yn y *Drill Hall* yn Nolgellau ac yn Neuadd yr Eglwys yn y Bermo wedyn. Mae'n siŵr fod hyn wedi bod o gymorth imi'n ddiweddarach.'

Tua'r flwyddyn 1951, ag yntau'n 'tynnu ymlaen', chwedl yntau, yn naw ar hugain oed, 'roedd yr heddlu'n codi tîm cenedlaethol a chafodd Arthur fynd i Gaerdydd, ac wedi hynny i Hereford, i'r gemau prawf.

'Chefais i mo 'newis', meddai, 'ac erbyn hyn 'rydw i'n gwybod pam. 'Doedd 'ne 'run o'r uwch-swyddogion o'r heddlu wedi mynd efo fi, fel 'roedd gyda chwarewyr siroedd eraill, a'r uwch-swyddogion oedd ar y panel dewis. Yn naturiol, 'roedden nhw'n siarad dros y rhai oedden nhw'n nabod. Fuase wedi bod yn fraint cael chware, ond wnes i erioed boeni am y peth.

Tra 'roeddwn i'n gapten Heddlu Gwynedd mi ddaru ni ennill dau gwpan, yn erbyn siroedd Dinbych a Fflint. Fe fues i'n chware yn nhîm Heddlu Gogledd Cymru hefyd. Fi oedd yr is-gapten a Huw Davies o sir Ddinbych, hogyn arall o'r Bala, yn gapten . . .'

Mae H. R. Jones, ei frawd-yng-nghyfraith o Ddolgellau'n cofio'n dda amdano'n chwaraewr gwadd ac yn gapten ar dîm Rhydymain a'r tîm yn curo bechgyn Tonfannau 2-1 o flaen torf o filoedd yn Nolgellau.

'Chwaraewr gweddol hamddenol oeddwn i,' meddai Arthur, 'yn darllen y gêm o'r cefn ac yn ceisio fy rhoi fy hun yn y lle iawn, ac yn ymddangos, efallai, yn well chwaraewr nag oeddwn i o achos fy mhrofiad o flynyddoedd o chwarae. 'Does dim dwywaith nad oedd Trebor, fy mrawd, yn well chwaraewr, ond mi gafodd o helynt efo'i ben-glin.

Mi fydd rhai'n sôn am yr hen ddyddie wrtha i ac yn deud,

"'Dw i'n cofio chware yn d'erbyn di. Brenin Dafydd, ôt ti'n galed! Oeddet ti fel wal.''

Rhai eraill yn tynnu 'nghoes i. Gofyn

"Ti'n nabod Arthur?''

"O, ydw, y chwaraewr butra weles i rioed!''

Che's i 'rioed gymryd fy enw, 'rioed fy nanfon odd'ar y cae a ddaru mi 'rioed regi ar y cae, er imi deimlo fel gwneud hynny aml i dro pan fydde rhai'n chware'n fudr efo fi.

'Roeddwn i'n dal i chware yn 1961, a finne'n 39, y gaea hwnnw cyn imi golli 'ngolwg a hogie flynydd-oedd yn iau allan o wynt o 'mlaen i. Chwarae i dîm Rhanbarth Meirionnydd yr heddlu oeddwn i 'r adeg hynny.

Dyna ichi gyfnod go faith o chware.'

Priodi a Magu Teulu

Mewn ambell i stori dditectif dda bydd y drwgweithredwr mwyaf llyswennaidd yn cael ei ddal o ganlyniad i sgwrs fach hollol gyffredin. Sgwrs ddidaro gyda gyrrwr bws a arweiniodd Arthur, na, nid at unrhyw ddihiryn ond, yn hytrach, at berl ei fywyd, chwedl yntau. Fel hyn y bu.

Yn fuan wedi iddo ddechrau ar ei waith yn Nolgellau digwyddodd daro ar Lewis Jones, gyrrwr bws, gŵr genedigol o'r Bala. 'Roedd hyn ychydig cyn Eisteddfod Genedlaethol Bae Colwyn 1947 ac yntau awydd mynd.

'Pryd 'rwyt ti'n rhydd?' gofynnodd y gyrrwr.

'Ddydd Iau.'

'O. Wel, gwranda. 'Dw i'n mynd â llond bws o bobl o Rydymain. Tyrd â stôl efo chdi.'

'Stôl?'

'Wel, mae 'ne sêt iti i fynd, ond mi fyddwn ni'n llawn ar y ffordd yn ôl.'

Ac ar ei ffordd adref o'r 'steddfod, ar ddydd y cadeirio, fe ildiodd Arthur ei sêt i Miss Jones, athrawes ifanc, bengoch yn Ysgol yr Eglwys, Dolgellau, a dyna'r tro cyntaf iddo gyfarfod ag Olive, y ferch a fu'n gannwyll ei lygaid, mewn mwy nag un ystyr, byth oddi ar hynny.

Merch ffarm Cefn Ucha, Bryncoedifor, Rhydymain oedd Olive, yn byw gartref gyda'i mam weddw. 'Roedd ganddi dair chwaer a brawd, a deuai o'r un math o gefndir gwledig, diwylliannol ym Meirion ag Arthur. Priodwyd y ddau yn Eglwys Bryncoedifor ar ddydd Iau, 20 Hydref, 1949 gan y Parchg. Eric Alexander Owen. Y gwas, wrth gwrs, oedd Trebor, a Mari ac Eira, chwiorydd Olive yn forynion.

Yn ystod y wledd yng Ngwesty'r Golden Lion yn Nolgellau daeth mab y lle at Arthur a dweud fod hen ŵr wrth y drws yn gofyn am gael ei weld.

'He calls himself Bob Roberts,' meddai, *'or* Bob Tai'r Felin. *What shall I do with him?'*

'Maddeuwch i mi,' meddai Bob ar ôl dod i mewn, 'ond o'n i'n gweld lot o ryw gonffet-eti tu allan a mi holes i a, Dew, deall mai Arthur Wern Biseg oedd yn priodi a, Dew annwyl! oedd raid mi gal dwad i mewn i ddymuno'n dda i chi'ch dau.'

'Roedd Bob bron yn bedwar ugain oed bryd hynny a'i deyrnged i 'Nacw' wedi llonni miloedd:

Mae'n deg i bawb ganmol ei hen wraig ei hun
Pan fyddo'n ymgeledd go gymwys i ddyn.

Pa ffawd, tybed, a'i chwythodd ef, o bawb, i ychwanegu ei liw at y 'conffet-eti' a ddisgynnodd ar Olive y diwrnod hwnnw? Ta 'waeth, go brin y breuddwydiodd neb o'r gwahoddedigion gymaint o ymgeledd a 'choron i'w gŵr' fyddai'r briodferch hon ddeuddeng mlynedd yn ddiweddarach.

O'r Lion yn Nolgellau teithiodd y pâr ifanc i'r Lion yn yr Amwythig i fwrw eu swildod, ac wedi cael gwared o bob tameidyn o gonffeti ar y trên 'roedd y ddau'n cyrraedd y gwesty yn gwbl hyderus nad oedd dim ar ôl i dynnu sylw at eu stâd. 'Roedd Arthur wedi cael hwyl iawn wrth lanhau'r stwff o gonglau cês Olive, a fu mor 'wirion' a'i adael ar drugaredd ei chyfeillion, ac yn llawn hunan-foddhad wrth feddwl fod ei gês ei hun wedi bod dan glo drwy'r amser a'r goriad yn saff yn ei boced. Onid oedd o hefyd wedi gweld y dillad wedi eu pacio'n dwt gan Jini Rowlands, perthynas iddo a ofalai amdano fel mam yn ei lety ym Mryntirion?

'Wel, 'rydw i'n o'reit,' medde fi wrthyf fy hun, yn foi i gyd nes imi fynd ati i wisgo'r pyjamas yn y gwesty. On'toeddwn i'n ddiniwed! 'Roedd hi hyd yn oed wedi ystyried pa goes oeddwn i'n ei gwisgo gynta! Dyna lle 'roeddwn i, â'r goes dde yn y trowsus a'r llall yn hofran yn yr awyr. 'Roedd Jini wedi gwnio ddwywaith ar draws y goes chwith ac wedi ei llenwi hi efo conffeti! Heblaw hynny, 'roedd o ym mhob twll a chornel o'r cês. A wyddoch chi be? 'Roeddwn i'n dal i ddod o hyd iddo fo yn y sane glân ddois i adre o Lunden efo fi. Anghofia i byth!'

Yn Llundain y treuliwyd y gweddill o'r mis mêl a 'dydy hi'n syndod yn y byd deall fod Arthur, ar y prynhawn Sadwrn, wedi llwyddo i ddenu Olive i Highbury i wylio sêr y cae pêl-droed, bechgyn fel Stanley Mathews, Stanley Mortensen, Leslie a Dennis Compton yn chwarae mewn gêm rhwng Arsenal a Blackpool.

Ar ôl dychwelyd i Ddolgellau aeth Olive â thamaid o'r gacen briodas i'r plant bach rhwng pedair a phump oed oedd yn ei dosbarth yn yr ysgol yno. Ond gan fod dau hogyn bach yn absennol y diwrnod hwnnw aeth â'r ddau adref efo hi yn ddiweddarach. 'Roedd hi wedi eu gadael y tu mewn i'r drws ac wrthi'n torri'r gacen pan glywodd hi Robert yn dweud wrth ei ffrind,

'Tyrd o'ne, John Michael, mae 'ne blisman fan hyn.'
'Roedden nhw wedi gweld helmed Arthur ar yr *hallstand* ac wedi penderfynu ei gwadnu hi oddi yno nerth eu traed.

Miss Jones fu Olive i blantos Dolgellau am flynyddoedd ac achosodd hynny gryn embaras iddi un tro. 'Roedd Arthur a hithau wedi symud i'r Bermo erbyn hynny. Ac Olive yn eistedd mewn bws un diwrnod, yn llond ei sêt gan ei bod yn disgwyl ei phlentyn cyntaf, teimlodd ddegau o lygaid piwritanaidd yn troi i'w chyfeiriad pan glywodd eneth fach oedd yn pwyntio'n syth ati'n cyhoeddi mewn llais tanbaid,

'Ww! Sbiwch. Ma' Miss Jones yn fan'ne.'
Yn y cyfamser 'roedd hi wedi rhoi'r gore i'w gwaith yn

Nolgellau ac wedi bod am gyfnod byr yn athrawes dros dro yn Llanelltyd. Cafodd Arthur flas ar drin y pwt o ardd ar y llechwedd y tu ôl i'w cartref yn y Bermo.

'Fu'n rhaid i mi gael caib ati i ddechre,' meddai 'ond 'roedd rhywun wedi bod yn cadw ieir yno ac mi ddoth yn y diwedd. 'Roedd cysgod y graig y tu ôl iddi ac mi gawson ni gnyde ardderchog.'

Yn ystod ei gyfnod yn y Bermo bu Arthur yn athro Ysgol Sul ar griw o ieuenctid bywiog yng Nghapel Caersalem a mwynhau'r gwaith yn fawr. Yr unig anhawster oedd y disgwylid iddo fod wrth ei waith fel heddwas ar brynhawniau Sul, ond 'roedd yr Arolygydd William Rowlands, ei bennaeth, yn ddyn synhwyrol iawn. Caniatâi iddo fynd at ei ddosbarth yn ei lifrai pe dymunai.

'Paid ti â phoeni,' meddai wrtho. 'Os bydd rhywbeth yn galw, 'rydw i'n gwybod lle i dy gael di.'

Ym mis Tachwedd 1951 ganwyd merch i Arthur ac Olive, Carol Mary, a phan oedd hi ychydig dros ei blwydd oed, ym mis Ionawr 1953 symudwyd ei thad o'r Bermo i Abergynolwyn. 'Roedd Olive ar y pryd yn ei chartref ym Mryncoedifor yn cryfhau ar ôl cyfnod yn Ysbyty Wrecsam, ond cafodd fynd i'w chartref newydd drannoeth y mudo ac ymrodd ati i'w wneud yn gysurus.

Yn ystod yr wythnos yn dilyn Eisteddfod Genedlaethol Pwllheli 1955 'roedd yr I.R.A. wedi dechrau lladrata arfau o wersylloedd y fyddin ym Mhrydain ac anfonwyd Arthur a phlismon Corris i gadw gwyliadwriaeth ar Bont-ar-Ddyfi drwy'r nos, i holi pawb a deithiai'r ffordd honno. Gan fod Olive yn disgwyl ei hail blentyn unrhyw funud gofynnodd Arthur i Morfudd Evans a oedd yn cadw'r post yn Abergynolwyn gysgu efo Olive a Carol a threfnodd iddynt ffonio bocs yr R.A.C. wrth Bont-ar-Ddyfi pe bai'n rhaid. Tua thri o'r gloch y bore yr aeth hi'n rhaid a chaed trafferth fawr i berswadio'r dyn yn y gyfnewidfa i alw'r bocs.

'Ond fydd 'na neb yno'r adeg hon o'r nos,' dadleuai'n rhesymol.

'Wel, 'rydw i'n gwbod fod,' meddai Olive yn ei gwewyr a mynnu ei fod o'n rhoi cynnig arni.

Wedi derbyn y neges ffoniodd Arthur y rhingyll a dweud wrtho, 'I.R.A. neu beidio, mae'n rheitiach i mi fynd adre i fynd ag Olive i'r ysbyty.'

Rhuthrodd adref, mynd a hi i Dywyn erbyn tua chwech o'r gloch y bore, mynd yn ei ôl adref er mwyn i Morfudd gael gofalu am ei mab ei hun ac agor y post ac i'w gŵr, Ted, gael mynd i'w waith, cipio awr o gwsg, ac erbyn iddo ffonio i holi am hanner awr wedi wyth 'roedd Gareth Rees wedi ei eni.

Cyn i Olive adael yr ysbyty wedi geni Gareth cafodd Arthur orchwyl go anarferol i'w gyflawni. 'Roedd un o lanciau'r fyddin yn Nhonfannau wedi troseddu ac wedi osgoi ymddangos yn y llys. Cafodd ei restio yn Prestwick ger Glasgow a rhoed i Arthur y dasg o fynd yno i'w nôl.

'Fues i yn y trên am ddeuddeg awr,' meddai. 'Dal y trên cynta yn y bore am saith, newid yn Dyfi Junction, yr Amwythig a Crewe, mynd trwy Glasgow a chyrraedd Swyddfa'r Heddlu yn Prestwick tuag wyth o'r gloch nos a chael sgwrs efo'r carcharor. Galw amdano fo'r bore wedyn a chychwyn ar y trên. 'Doeddwn i ddim am roi *handcuffs* arno fo'r holl ffordd, felly dyma ddeud wrtho fo am gario fy mag i a'i rybuddio fo 'mod i'n rhedwr da iawn, rhag ofn iddo fo feddwl am ddengid. Mi ddoth yn reit fodlon. Yn Crewe mynd â fo am bryd o fwyd i aros am y trên i Gaer. Cyrraedd Tywyn wedi blino'n lân.

"Well ichi fynd i'r ysbyty i ddeud wrth Mrs. Rowlands eich bod chi 'di cyrraedd yn saff," medde'r rhingyll.

Ac mi es. Ond 'doedd y nyrs ddim yn fodlon ei deffro hi. Adre â fi wedyn fel cath i gythrel gan ddisgwyl bod Mam yno i mi gael croeso yn rhywle. Ond erbyn cyrraedd fan'no — neb. Dim ond nodyn ar y bwrdd yn dweud mod i fynd at Ifan a Bet i gael tamed o fwyd. Erbyn deall 'roedd Mam a Gwenllian,

nith imi, oedd yn gwarchod, wedi codi eu cwt gyda
'mod i wedi cychwyn. 'Doedden nhw ddim yn mynd i
aros yn Swyddfa'r Heddlu a chell yno. Hy! a hwythau
wedi arfer ym mherfeddion y wlad.

A sôn am Mam. 'Rydw i'n cofio, pan oedd hi'n
aros efo ni, Win, fy chwaer o'r Bala'n gofyn am gael
gair efo hi ar y ffôn a hwnnw'n beth go ddiarth iddi.

"Tyrd o'ne, Mam," medde fi, "mae Win eisio gair
efo ti."

"Wel aros funud imi gael tynnu 'mrat," medde hi!'

Ar ôl geni Gareth y clywyd un o hogiau bach Aber-
gynolwyn, wedi rhedeg adref â'i wynt yn ei ddwrn, yn
cyhoeddi fod yna 'blisman bach yn *Police Station.'*

Erbyn Ionawr 1960 'roedd Gareth wedi dechrau mynd i'r
ysgol a phan ofynnwyd i Olive fynd i gynorthwyo yn Ysgol
Bryn-crug 'roedd yn falch o gael mynd. Gan fod y prifathro,
Rhys Griffith yn absennol a thair o ferched yn gofalu am y
plant, er mwyn dychryn ychydig arnyn nhw a'u siarsio i
fihafio dywedodd un o'u hathrawesau wrthynt,

'Mae gŵr yr athrawes newydd yn blismon, cofiwch chi, ac
mae'n rhaid ichi fod yn blant da.'

'*Ooh, Miss,'* meddai Simon bach Sguborie, *'and does she
sleep with him too?'*

Erbyn dechrau'r flwyddyn 1961 'roedd Arthur ac Olive
wedi bod yn Abergynolwyn am wyth mlynedd hapus dros
ben, ac er na chawsant argoel o gwbl o'r storm fawr ddu a
fyddai'n torri mor greulon uwch eu bywydau cyn canol yr
haf, fe gawsant gryn sgrytiad o gwmpas Gŵyl Ddewi'r
flwyddyn honno.

Mae swyddfeydd yr heddlu'n cael eu hatgyweirio bob rhyw
bum mlynedd fel rheol. 'Roedd Arthur wedi gofalu fod eu
cartref yn cael pob sylw dyladwy, a thros y cyfnod y bu'n
byw yno 'roedd llawer o welliannau wedi cael eu gwneud i'r
tŷ. Erbyn Chwefror 1961 'roedd y gwaith atgyweirio mawr
wedi ei gwblhau a'r peintiwr yn y tŷ yn rhoi gwedd newydd
iddo o'r top i'r gwaelod. 'Roedd pawb yn llawenhau wrth

feddwl fod y llanast, o'r diwedd, ar ben ac yn ymfalchïo yn eu cartref cyfleus a glân a chlyd. O ran hwyl, dyma Wilks, y peintiwr yn dweud,

'Gewch chi weld, y munud y byddwch chi wedi gorffen cael trefn ar y lle 'ma, mi gewch chi *shift.*'

Wrth gwrs, mae pob plismon yn gorfod symud rywbryd ne'i gilydd, ond daeth y neges a gafodd Arthur ar y ffôn fel huddug i botes.

''Rwyt ti'n symud i Gorris,' meddai'r rhingyll. 'Mi feddylies i i ddechre ei fod o'n tynnu 'nghoes i,' meddai Arthur, 'achos Corris oedd y swyddfa agosaf un at Abergynolwyn. Mi roddodd ei resyme a deud ei fod o eisio imi symud mewn naw diwrnod, a bod plismon Corris yn dod i Abergynolwyn.'

Cafodd y newydd effaith ddrwg ar Olive a'r hyn a'i poenai fwyaf oedd y ffaith fod Swyddfa'r Heddlu yng Nghorris mewn cyflwr gwael ac yn agos iawn i'r afon, 'ddim ffit o le i fagu plant,' chwedl hithau. Bu bron i Arthur ymddiswyddo ond 'roedd Olive wedi ei siarsio i beidio â bod yn fyrbwyll.

'Ddo' i efo ti i Gorris,' meddai.

Wedi cael addewid y gwneid pob ymdrech i ddod â'r tŷ i drefn ac y byddai'n cael ei symud oddi yno os na fyddai iechyd Olive yn gwella, cytunodd Arthur i fynd. 'Roedden nhw'n symud ar 10 Mawrth, 1961.

Cadwodd yr awdurododau at eu gair ac erbyn dechrau Awst 'roedden nhw wedi ymgartrefu'n syndod o dda. Er fod y gwaith ar brydiau'n galed a diddiolch a'r tâl yn isel 'roedd Arthur, yn 39 oed, yn hapus a'i ddyfodol yn ei alwedigaeth, yn ôl pob golwg, yn sicr. 'Roedd wedi dechrau gwneud ei farc yng Nghorris, fel y sylweddolodd pan ddywedodd Nain James, Dol-goch wrtho ryw ddiwrnod,

'Mae gynnyn nhw blismon yng Nghorris,' meddai, ac yntau'n edrych yn hurt arni.

'Wel, debyg iawn, Nain James, 'rydw i yno.'

'Ie. Wel, doedden nhw ddim wedi gweld un ers blynydd-oedd yng Nghorris Ucha cyn i chi fynd yno.'

Eithr er cymaint o foddhâd a gâi Arthur yn ei waith ac yn ei chwarae, canolbwynt ei fywyd oedd ei deulu. Gan fod Carol erbyn hyn bron yn ddeg oed a Gareth bron â bod yn bump 'roedd Olive wedi rhoi ei henw i lawr i fynd yn ôl i ddysgu.

'Roedd hi'n wyliau haf a'r teulu i gyd yn edrych ymlaen yn eiddgar at gael mynd i Sioe Flodau'r Amwythig. 'Roedd Arthur ei hun wedi bod yno droeon efo Clwb Garddio Abergynolwyn ac wedi sôn cymaint am y blodau ac yn arbennig am y band yn chwarae'r Agorawd 1812 gan Tchaikovsky fel nad oedd na byw na marw na châi'r plant fynd yno i weld a chlywed drostynt eu hunain. Ond welodd Olive a'r plant mo'r blodau y flwyddyn honno. Chlywson nhw chwaith mo sŵn y *kossacks* yn gorymdeithio a'r gynnau mawr yn tanio yn y gerddoriaeth. Cyn diwrnod y sioe fe daniwyd ergyd wrth Bont-ar-Ddyfi ac o'r foment honno 'welodd Arthur yr un blodeuyn nac wyneb na dim.

'*Y Fflach . . . a ddiffoddodd ddydd*'

Ar ddydd Mawrth, 1 Awst, 1961, wythnos cyn Eisteddfod Genedlaethol Dyffryn Maelor 'roedd Arthur wedi cael galwad ffôn gan Y Rhingyll Williams o Dywyn yn dweud fod rhywun wedi torri ffenestri Felin Ffridd Gate heb fod ymhell o Bont-ar-Ddyfi. Bu wrthi tan yn hwyr yn y pnawn yn gwneud ymholiadau ac o dipyn i beth dechreuodd amau mai rhai o'r sgowtiaid a oedd yn gwersylla yn yr ardal oedd yn gyfrifol. Er bod y sgowt-feistr yn gyndyn o addef y gallasai rhai o'i fechgyn ef wneud y fath beth, wedi eu holi 'roedd Arthur yn teimlo'n bur sicr eu bod nhw'n euog. Ond gan eu bod yn gwadu'n bendant, ac yntau'n teimlo'n flinedig, wedi bod ar ei draed yn hwyr y noson cynt, dywedodd wrthyn nhw ei fod yn gofidio na fuasen nhw wedi bod yn onest ac ychwanegodd,

'Fe'ch gwela i chi rywbryd eto, fwy na thebyg.'

Awgrymodd i'r meistr ei fod o'n cael gair efo nhw wedi iddo fynd, gan ei atgoffa o enw da'r sgowtiaid a dweud y buasai'n well iddyn nhw gyfaddef ac ail gychwyn efo dalen lân na mynd oddi yno a'u heuogrwydd i'w canlyn.

'Dowch ar y ffôn os bydd gynnach chi rywbeth i'w ddweud,' meddai.

Tuag wyth o'r gloch y noson honno, ac yntau gartref yn cael tamaid o fwyd 'roedd y sgowt-feistr ar y ffôn yn dweud fod y bechgyn wedi dod ato i gyd efo'i gilydd a chyfaddef.

'Dowch chi â nhw yma erbyn tua 9.30 bore fory i mi gael eu gweld nhw,' atebodd Arthur — heb fawr o feddwl na welai o byth mohonyn nhw.

Wedi adrodd yr hanes wrth y rhingyll ar y ffôn ffarweliodd â'i deulu bach yng Nghorris, Olive, Carol, Gareth a mam Olive, a oedd yn digwydd bod yno'n aros, a mynd i lawr at Bont-ar-Ddyfi i wneud yn union yr un gorchwyl ag a wnaethai yno'r noson cynt, sef stopio a holi pawb fyddai'n croesi'r bont rhwng 11 o'r gloch y nos a 3 o'r gloch y bore.

'Roedd mwy nag arfer o fân droseddau wedi dod i sylw'r heddlu yn y cyfnod hwnnw, lladrata o dai a charafanau, er enghraifft, mewn cylch gweddol eang. Fel rhan o'u hymgyrch i geisio dod o hyd i unrhyw wybodaeth fuddiol 'roeddynt yn cadw gwyliadwriaeth fanwl ar symudiadau pobl, yn enwedig wedi nos.

Lle tawel iawn yw Pont-ar-Ddyfi wedi i sŵn trafnidiaeth y dydd gilio. Mae'r afon yn llydan yno ac yn llifo'n esmwyth ganol haf. Mae'r ffordd o Gorris i Bennal ac Aberdyfi'n cydredeg â'r afon ac mae'r bont yn arwain o'r ffordd hon i gyfeiriad Machynlleth. Ar fin y ffordd ac yn wynebu'n union dros y bont mae rhes o fythynnod gwyngalchog yn swatio yng nghesail y mynydd a'r llechwedd coediog yn codi'n syth y tu ôl iddynt. Ar wahân i ddau neu dri o dai eraill a chapel wedi cau, dyna'r cwbl sydd yno.

Toc wedi hanner nos 'roedd yr Heddwas Dafydd Williams o Heddlu'r Canolbarth wedi dod draw o Fachynlleth i fod yn gwmni i Arthur ac i'w gynorthwyo, fel y gwnaethai lawer tro cyn hynny. Un o Ddyffryn Ardudwy oedd Dafydd ac 'roedd ei sgwrs ddifyr yn help i ladd y diflastod fel 'roedd yr oriau'n dechrau llusgo. Am dri o'r gloch y bore penderfynodd ei throi hi am adre ac aeth Arthur i'w ddanfon dros y bont tuag at ei fen. 'Roedd hi'n noson braf a'r lleuad yn dod i'r golwg yn awr ac yn y man rhwng y cymylau. Fel 'roedd y ddau'n cydgerdded yn hamddenol, yn sydyn clywsant sŵn dieithr o'r tu ôl iddynt, tebyg i sŵn esgidiau hoelion yn rhygnu ar y ffordd wrth geisio arafu beic. Troesant yn reddfol i'w gyfeiriad a gweld cip o gysgod dyn ar gefn beic rhyngddyn nhw a'r tai gwynion, yn mynd i gyfeiriad Pennal heb ddim pwt o olau.

'Dew, dyne ti un dig'wilydd,' meddai Arthur. 'Tyrd, awn ni ar ei ôl o.'

Wedi neidio i fen yr Heddwas Williams i ffwrdd â nhw dros y bont, troi tua Phennal a mynd cyn gyflymed ag y gallent am tua hanner milltir. 'Roedd hi'n dywyll iawn y ffordd honno a'r coed mawr o bobtu bron fel twnnel yn cau amdanynt. Welson nhw ddim byd, ond fe wyddent na fedrai neb ddod cyn belled â hynny heb iddynt ei weld. 'Doedd dim modd iddo fod wedi troi o'r ffordd yn unman 'chwaith. Felly yn ôl â nhw, ac fel 'roedden nhw'n cyrraedd y bont fe sylwodd Arthur ar feic ar dalcen y tŷ agosaf i Bennal. Yn y tŷ hwnnw 'roedd Meirion Williams, y postmon yn byw, ac 'roedd Arthur wedi hen arfer â gweld beic ei ferch yn y fan honno. 'Roedd wedi ei roi o trwy'r ddôr yng nghefn y tŷ fwy nag unwaith rhag i rywun ei ladrata, felly ni chymrodd fawr o sylw ohono ar y pryd. Ond rhag ofn fod y dyn wedi bod yn cuddio ac wedi croesi'r bont ar ôl i'r fen fynd heibio aeth y ddau dros y bont a gyrru i gyfeiriad Machynlleth. 'Doedd dim sôn amdano'r ffordd honno 'chwaith.

'Rho fi i lawr,' meddai Arthur, wedi cyrraedd yn ôl at y tai. 'Mi af i i edrych rownd cefne'r tai 'ma rhag ofn ei fod o'n cuddio yn fan'no.'

'Mi af inne am Gorris. Mi all'se'i fod o wedi troi'n ei ôl a mynd ffor'no,' meddai ei bartner ac i ffwrdd ag ef yn ei fen.

Gan gofio am y beic a welsai o gornel ei lygaid ar dalcen y tŷ pen, aeth Arthur yn syth ato. Yng ngolau ei fflach-lamp gwelodd feic dyn o liw anghyffredin, symudliw oren a glas. 'Doedd o erioed wedi ei weld o'r blaen.

Fel yr eglurwyd, mae cefnau'r tai ym Mhont-ar-Ddyfi bron â bod yn y ddaear heb ddim ond rhyw lathen o le rhyngddynt a'r graig serth, ac fel y gwyddai Arthur, trwy'r ddôr wrth dalcen tŷ Meirion Williams yn unig y gellid mynd i'r cefnau. Lle da i ymguddio.

Cofia Arthur y munudau nesaf fel tae hi'n ddoe. Maent wedi eu serio ar ei feddwl.

"Roeddwn i ar fin mynd yno i chwilio. 'Roedd hi'n dywyll yno. Mi ddoth. Mi dychrynodd o fi ron' bach. Mi ddoth o'r cysgodion, fel 'tase fo'n llusgo'i hun, â'i gefn at dalcen y tŷ. Dyne lle 'roedd o o fewn rhyw ddwylath imi, a finne a'r gole arno fo. 'Roedd gynno fo ryw gap wedi ei wau, un melyn a llwyd â thoslyn arno fo. 'Roedd gynno fo *windcheater* wedi ei chau reit at y gwddw a bag fel bag postman dros ei ysgwydd. 'Roedd ei law chwith o ar draws ei stumog yn gafael mewn baril gwn-dwy-faril wedi ei lifio a'i law dde i lawr fel 'tase fo'n cydiad ym môn y gwn. 'Roedd golwg ar ei wyneb o fel 'tase fo heb siafio ers dyddie a rhyw ddau lygad bach gynno fo, — golwg y diafol, a deud y gwir.

"*You shouldn't have come,*" meddai. "*I'm going to kill you,*" ac 'roedd yr olwg ar ei wyneb o'n deud ei fod o ddifri.

"*Don't be silly. Who are you? What are you doing here?*" medde finne. "*What's your name?*"

"Robert Boyden" neu rywbeth tebyg, medde fo. 'Roedd ffroene'r barile'n anelu'n syth at fy wyneb i, ond gan 'mod i'n credu y buase fo'n codi'r gwn at ei ysgwydd cyn tanio 'roeddwn i'n ceisio symud fy nhroed i fod mewn cyrredd imi fedru lluchio fy hun arno fo. Ond hwyrach na f'aswn i ddim yma heddiw taswn i wedi llwyddo. 'Roedd o'n edrych yn hen gogyn cry'. Cyn imi fedru symud dim 'roedd o wedi tanio. 'Roedd o'n union fel 'tase rhywun wedi lluchio rhawied o dân i 'ngwyneb i.

Cof bach s'gynna i wedyn, ond 'rydw i'n cofio 'mod i ar fy nglinie a bod 'ne sŵn rhuo yn fy nghlustie i, ac eto, yng nghanol y rhuo 'roeddwn i'n clywed sŵn fel tap yn diferu, — drip, drip, drip. 'Rôn i'n gwanhau a 'dw i'n cofio meddwl, "Dyma'r diwedd" . . . a'r peth nesa glywes i oedd lleisie.'

Y lleisiau a glywodd oedd eiddo Meirion Williams, y postmon, a'r Heddwas Dafydd Williams. 'Roedd Meirion Williams wedi cael ei ddeffro gan sŵn y tu allan i'r tŷ, wedi codi i'r ffenest a gweld plismon, sef Arthur, yn cerdded ar y ffordd. Gan nad oedd dim yn anarferol yn hynny aethai'n ôl i'w wely, ond cyn pen dim o amser clywsai leisiau ac yna ergyd yn agos iawn i'r tŷ. Heb feddwl ddwywaith, rhuthrodd allan ac yng ngolau'r ffenestr fach yn nhalcen y tŷ canfu Arthur yn gorwedd yn ei waed gydag anafiadau dychrynllyd ar ei wyneb, ei fflach-lamp yn dal yn olau yn ei law a'i helmed ar lawr wrth ei ymyl. 'Roedd yr Heddwas Williams wedi dychwelyd yn ei fen erbyn hyn ac wedi amau fod rhywbeth o'i le pan welodd olau yn nhŷ'r postmon. Rhedodd ar draws y bont at Meirion a'i helpu i gario Arthur i'r tŷ.

Un arall a glywodd y glec oedd Olwen, merch dair ar ddeg oed Mr. a Mrs. Meirion Williams. Clywodd ei thad a'i mam yn codi'n frysiog. Clywodd y cyffro dieithr i lawr y grisiau. Mae hi'n dal i gofio'r munudau hynny a hithau, wedi cael ei siarsio i aros yn y llofft, yn eistedd fel procer yn ei gwely, yn gwrando, gwrando ac yn ceisio dyfalu beth oedd yn digwydd.

> "Roeddwn i'n clywed sŵn griddfan,' meddai, 'ond wyddwn i ddim p'run 'te anifel ynte beth oedd 'na yn y gegin. Ond pan gyrhaeddodd yr ambiwlans fedrwn i ddim dal yn hwy ac mi godes i'r ffenest a'u gweld nhw'n ei gario fo . . . Mi ges fy ngyrru at Nain Abercegir yn y bore . . . Mae'n gas gen i weld gwn byth oddi ar hynny, hyd yn oed un tegan.'

Tra 'roedd Mrs. Williams yn gwneud yr hyn a allai i'w ymgeleddu galwyd am ambiwlans a'r heddlu. Cyrhaeddodd dau feddyg, Dr. Dan Davies a Dr. Glyn Evans.

Wrth sôn am y digwyddiad yn ddiweddarach wrth Gwyn Erfyl, brawd-yng-nghyfraith Arthur, dywedodd Dr. Davies,

''Roedd o mewn cyflwr drwg iawn. Ar y funud 'roeddwn i'n meddwl nad oedd o ddim yn fyw. 'Roedd ei wyneb o wedi cael ei archolli'n arw a'i ddau lygad o yn amlwg wedi cael niweidiau difrifol. 'Roeddwn i'n gwybod y bydde fo'n ddall, ond 'doeddwn i ddim yn siŵr iawn fydde fo byw ai peidio.'

Erbyn 4.15 y bore 'roedd wedi cyrraedd Ysbyty Gyffredinol Aberystwyth lle y cafodd drallwysiad gwaed. Bu'n anymwybodol am oriau.

''Rydw i'n cofio clywed lleisiau rywbryd,' meddai. ''Roedden nhw'n swnio'n bell a wyddwn i ddim pa iaith oedden nhw'n siarad ac 'roedd y sŵn yn fy mhen i o hyd.'

Llais Olive a'r nyrs oedd o'n glywed. 'Roedd hi wedi cael ei ddeffro gan alwad ffôn yn ei chartref yng Nghorris tua 4.30 a'r chwaer o'r ysbyty'n dweud wrthi y byddai'n well iddi ddod yno, fod ei gŵr wedi cael damwain, ac yn sôn am saethu. Fel 'roedd hi'n rhoi'r ffôn i lawr cyrhaeddodd y Rhingyll Eilir Williams o Dywyn, a fo aeth â hi i'r ysbyty. Gadawodd Carol a Gareth, a oedd yn dioddef o'r clwy pennau ar y pryd, yng ngofal ei mam, hithau chwaith ddim yn dda, heb fawr o syniad o'r hyn a'i disgwyliai yn Aberystwyth.

Tua naw o'r gloch y bore dywedodd y nyrs wrthi fod Arthur yn ymwybodol, ac er na fedrai hi weld dim mwy na blaen ei drwyn 'roedd hi'n cael rhywfaint o gysur o ddeall fod ei byls yn cryfhau wrth iddi siarad efo fo.

Erbyn tuag un o'r gloch y prynhawn 'roedd y meddygon wedi penderfynu ei fod yn ddigon cryf i gael ei symud i Ysbyty St. Lawrence, Cas-gwent. Ei gwmni ar y siwrnai faith honno dros gant o filltiroedd arteithiol oedd yr Heddwas Ronnie Owen, plismon Pennal, a oedd wedi cael ei alw oddi ar ei wyliau gartref yn Sir Fôn, a nyrs ifanc o Gorris.

Dilynodd Olive yr ambiwlans yng nghar y Parchg. W. O. Barnett, ei gweinidog yng Nghorris. 'Roedd pob milltir fel dwy iddynt hwythau ac i wneud pethau'n waeth bu'n rhaid iddynt newid olwyn yn Abergafenni.

Y gŵr a dderbyniodd Arthur i'r ysbyty oedd yr Uwch Ymgynghorwr Emlyn Lewis. Wedi iddo ei archwilio penderfynodd nad oedd Arthur nac yntau mewn stad i wynebu'r llawdriniaeth fawr y noson honno. 'Roedd Arthur yn dal mewn cyflwr difrifol ac 'roedd yntau wedi blino ar ôl bod yn y theatr drwy'r dydd.

Yn gynnar fore trannoeth felly, ddydd Iau, 3 Awst y dechreuodd Emlyn Lewis ar ei dasg o geisio adfer yr wyneb glân a drylliwyd gan 70 o haels o'r cetris. (Yn eironig iawn, ar yr un dyddiad yn union 'roedd y Gweinidog Cartref, R. A. Butler yn gorchymyn i bawb â chanddynt ynnau a chetris nad oedd ganddynt hawl cyfreithiol i'w cadw eu trosglwyddo i'r heddlu.) Eithr cyn iddo suddo i afael yr anaesthetig llwyddodd Arthur, er gwaethaf ei anafiadau, i sibrwd disgrifiad manwl o'r gŵr a'i saethodd yn ogystal â'r enw a oedd yn swnio fel Robert Boyden.

'Ddydd Gwener 'dw i'n cofio 'mod i'n dod ataf fy hun,' meddai, 'ac yn dechre cofio beth oedd wedi digwydd ac yn ceisio teimlo fy wyneb efo fy nwylo a'r cwbl fedrwn i deimlo oedd gwaelod fy ngên a'r pwythau'n tynnu yn fy ngheg i.

Mi ddoth Emlyn Lewis at fy ngwely i a fo dorrodd y newydd a chwalu pob gobaith. Yn garedig iawn dyma fo'n deud,

"Mae'n arw gen i, Arthur. Weli di byth mwy. Y gŵr 'ma ddaru dy saethu di ydy'r peth ola weli di."

'Roedd hi'n dywyll iawn arna i'r adeg hynny a'i eirie fo — *"You'll never see again,"* yn ailadrodd eu hunen yn fy mhen i. Wedyn mae'n rhaid ei fod o wedi teimlo fy mhyls i'n gwanio neu rywbeth — fedre fo ddim gweld lliw fy wyneb i, na fedra? — a dyma fo'n deud wrth y *sister* am nôl brandi.

"Go and get some quickly," medde fo, *"and give him as much as he can take."*

Wel, mi anghofiodd yr arbenigwr mawr un peth, do?—fel mae llawer un arall wedi anghofio ar ôl hynny. Mi anghofiodd 'mod i'n gallu clywed yn iawn. 'Roedd o'n ddigon i roi mwy o sioc i rywun, on'doedd, fel 'tase fo'n mynd i fy meddwi fi'n iawn cyn imi farw, yndê!

Mi ddoth Gwyn Erfyl a Treb, fy mrawd, yno'r diwrnod hwnnw ond 'does gynna i ddim blewyn o gof am hynny — nac am y brandi wedyn chwaith!'

'Roedd y ddau mor boenus ynghylch cyflwr Arthur nes iddyn nhw benderfynu aros dros nos, ond chysgodd yr un o'r ddau. Pan aethon nhw i'w weld o yn y bore, fodd bynnag, 'roedden nhw wedi codi eu calonnau'n arw, gan ei fod o'n amlwg yn well ac yn ceisio ei orau glas ymuno yn y sgwrs. Cawsant droi am adref yn gwbl ffyddiog ei fod o wedi penderfynu byw.

'Dyna ddechre'r daith yn ôl,' meddai Arthur. ''Doedd gynna i ddim syniad be gebyst oeddwn i'n mynd i neud, ond 'roeddwn i'n dechre meddwl am Olive a Carol a Gareth . . . ac 'roedd pawb mor garedig.'

Ar Drywydd y Dihiryn

Pan saethwyd Arthur wrth Bont-ar-Ddyfi cychwynnwyd helfa na welwyd ei thebyg na chynt na chwedyn yn Nyffryn Dyfi a'r mynydd-dir coediog oddi amgylch. Aeth y stori ar led yn fuan iawn am y dihiryn a ddiflannodd i'r nos ar ôl cyflawni'r weithred giaidd. 'Roedd yr holl ardal wedi ei chyffroi gan erchylltra'r digwyddiad a'r bobl yn benderfynol o wneud popeth yn eu gallu i helpu'r heddlu i ddod o hyd iddo. O ystyried natur y wlad o gwmpas, y milltiroedd ar filltiroedd o goedwigoedd a gwylltir anghyfannedd, y degau o hafnau peryglus a hen chwareli, 'roedd y dasg yn ymddangos yn amhosibl. 'Roedd un llygedyn o obaith. Yn ôl pob golwg, ar gefn beic 'roedd y dihiryn wedi dianc, a chan na chollwyd dim amser cyn dechrau chwilio 'roedd yn bur debygol nad oedd wedi llwyddo i fynd ymhell iawn.

Erbyn nos Fercher, 2 Awst, wedi diwrnod o weithgarwch diflino 'doedd gan yr heddlu fawr o wybodaeth bendant. 'Roedd arbenigwyr o Labordy Fforensig Preston wedi gwneud ymchwiliad trylwyr o'r llecyn lle 'roedd Arthur wedi syrthio ac wedi cael samplau o'r plwm a ddrylliodd ei wyneb. Trwy archwilio'r rhain a'r cetris gwag a ddarganfu Llefenni Roberts o Gorris ar lawr chwarel Aberllefenni gallwyd profi mai gwn .410 a ddefnyddiwyd. Ond er i nofwyr tanddwr chwilio gwely Afon Dyfi a llu o blismyn wlychu'n domen wrth chwilio'r rhedyn a'r mieri, ni ddoed o hyd i'r arf. Bu holi taer o dŷ i dŷ, ond pwy heblaw y potsiars oedd allan yn oriau mân y bore? Holwyd hwythau, y rhai adnabyddus o leiaf, ond fel y gwyddai'r heddlu'n iawn yn eu calonnau, 'doedd saethu plismon yn ei wyneb ddim ymhlith castiau yr un ohonyn nhw.

W. Jones Williams ac R. E. G. Benbow, Prif Gwnstabliaid Heddluoedd Gwynedd a'r Canolbarth oedd yn arwain yr ymchwil ar y cychwyn, ond erbyn bore Iau 'roedd y Cudd-Arolygydd John du Rose a'r Ditectif Trevor Hancock o Scotland Yard wedi cyrraedd i'w cynorthwyo, a than gyfarwyddyd John du Rose dwysawyd yr ymchwil. Dwysawyd penderfyniad holl aelodau'r heddlu hefyd pan glywsant fod yr Heddwas Rowlands mewn cyflwr difrifol wael, wedi colli ei olwg ac wedi ei anharddu'n arswydus. 'Roedd mynd a dod di-baid yn ystafell Llys Ynadon Machynlleth gydag yn agos i gant o blismyn o bob cwr o Brydain a thros ugain o gŵn arbennig wedi crynhoi yn y cylch. Oddi yno yr oedd John du Rose yn rheoli'r chwilio ac oddi yno yr anfonodd ddatganiad i'r wasg ac i holl awdurdodau'r Heddlu yng Nghymru a Lloegr yn rhoi disgrifiad o'r dyn 'roedden nhw'n chwilio amdano. Anfonodd yr Awyrlu hofrennydd i gynorthwyo a chaed cymorth timau achub o'r mynyddoedd. 'Roedd cannoedd o bobl wrth y gwaith. Ond 'roedd fel chwilio am nodwydd mewn tas wair nes i un plismon craff roi dau a dau at ei gilydd ac arwain John du Rose a'i griw ar drywydd y dihiryn.

Er mai o fewn cylch o ddeng milltir ar hugain o gwmpas Machynlleth y canolbwyntiwyd yr ymchwil, mewn pentref hanner can milltir i ffwrdd y caed yr inclin cyntaf pwy oedd y troseddwr. Ym Mhen-y-groes yn Arfon 'roedd yr Heddwas J. T. James, ar ôl clywed y manylion am y trosedd a'r enw 'Boyden' a roesai Arthur i'r heddlu, wedi cofio iddo, ddeng mlynedd ynghynt, gael ei fygwth â gŵn wedi-ei-lifio gan ddyn yn Nyffryn Ardudwy. 'Roedd y dyn hwnnw'n byw'n wyllt ac wedi bod yn lladrata o nifer o dai haf yn y cyffiniau. Cafodd ei restio a'i garcharu am dair blynedd. Ei enw oedd Robert

Boynton. Darganfu John du Rose fod y Boynton hwnnw wedi cael blwyddyn a hanner o garchar yng Ngwlad yr Haf yn 1953, ond nad oedd sôn amdano o gwbl ar ôl iddo gael ei ryddhau. Tybed mai ef oedd wedi dychwelyd i Gymru? Pan gymharwyd olion bysedd o adeiladau lle 'roedd rhywun wedi torri i mewn yn ddiweddar â'r rhai a oedd eisoes ym meddiant yr heddlu, gwelwyd fod un ôl bawd a godwyd oddi ar ffenestr tŷ haf yn Ninas Mawddwy yn gymar perffaith i un yn eu ffeiliau ar Robert Boynton. Fodd bynnag, un peth oedd cael sicrwydd go bendant o enw a hanes y troseddwr. Mater arall oedd ei ddal.

Yn ystod y pedwar diwrnod yn dilyn y saethu 'roedd yr heddlu wedi gofalu fod pob copa walltog o fewn cylch eang yn gwybod sut un oedd y troseddwr ac yn barod i'w hysbysu o unrhyw beth a dynnai eu sylw. Ar y pedwerydd diwrnod gwelodd William G. Rees, Camlan Uchaf, Mallwyd ddyn dieithr yn rhuthro o'i olwg i ganol llwyni ger Aberangell, tuag wyth milltir o Bont-ar-Ddyfi. 'Roedd John du Rose yn sicr mai Boynton oedd o a'r noson honno trefnwyd gwyliadwriaeth arbennig yn yr ardal, ac yn gynnar fore trannoeth cawsant lwc annisgwyl.

Tua phump o'r gloch fore Llun, 7 Awst, 'roedd Mr. a Mrs. Robert Jones yn cysgu'n braf yn eu cartref, 34 Pen-sarn, Aberllefenni. Dechreuodd y gath swnian a chododd Mr. Jones i'w gollwng allan. Wrth glywed y sŵn deffroes Llywela, eu merch, a chododd i'r ffenest, a beth welodd hi ond dyn yn bwyta pys yn yr ardd drws nesaf. Beth ddyl'se nhw ei wneud? 'Doedd dim ffôn yn y tŷ. Gan fod y dyn erbyn hyn wedi diflannu o'r golwg ar draws y caeau, mentrodd Robert Jones allan. Aeth cyn belled â'r post, lle 'roedd Geraint a Menna Jones yn byw ac oddi yno y rhybuddiwyd yr heddlu.

Cyn pen dim 'roedd nifer o blismyn a chŵn wedi cyrraedd y llecyn, ac yn eu plith yr Heddwas Robert Roberts a'i gi, Doberman. Llwyddodd y ci i godi'r trywydd a'i ddilyn ar draws y caeau nes dod at nant. Yno, yn ei gwrcwd ar ganol pluo iâr, gwelodd y ffoadur. Gwelodd yntau'r Heddwas Roberts yn nesu. Taniodd ei wn ato, ond methodd. Dihangodd o'r golwg i'r drysni. Llwyddodd i gyrraedd fferm Foel Friog ac yno cymerodd feic Dwynwen, y ferch, a'i chychwyn hi i gyfeiriad y pentre, a'r Heddweision Davies a Bennett yn ei erlid. Yn sydyn, yn union o'i flaen, gwelodd Boynton yr Heddwas Robert Carswell a'i gi Alsatian, Derry. Neidiodd oddi ar ei feic a chychwyn rhedeg. Gollyngodd Carswell Derry, ond saethodd Boynton ato a'i anafu'n ddrwg. Saethodd at Carswell hefyd, ond methodd a'i daro. Eithr 'roedd y rhwyd erbyn hyn yn cau am Boynton. Er iddo lwyddo i ddianc ar gefn y beic unwaith yn rhagor dilynwyd ef gan yr Heddwas Thomas Davies mewn car patrol. Syrthiodd Boynton oddi ar ei feic ac fel 'roedd o'n codi ac yn estyn am ei wn lluchiodd Davies ei hun arno a'i fwrw i'r llawr. 'Roedd o'n ymladd fel anifail ond gallodd Davies ei ddal hyd nes y cyrhaeddodd Almaenwr o goedwigwr o'r enw Siegfried Steiler, cyn-garcharor rhyfel wedi priodi Cymraes o'r cyffiniau, a chyda'i help ef a'r Heddwas Ivor Bennett a'r Rhingyll G. S. Edwards llwyddwyd o'r diwedd i'w drechu.

Am 9.30 y bore Llun hwnnw 'roedd Boynton yn Swyddfa'r Heddlu ym Machynlleth yn cael ei holi gan John du Rose a Trevor Hancock, yn gaeth rhwng muriau o'r diwedd a heb fawr o obaith y câi ei draed yn rhydd am amser maith, os byth.

Yn Ysbyty St. Lawrence y bore hwnnw 'roedd Arthur, bedwar diwrnod ar ôl i'r meddyg dynnu ei lygaid, ar ei led-orwedd yn ei wely yn dangos i'r merched a oedd yn glanhau'r ward fflach o'r penderfyniad mawr a berthyn iddo. 'Roedd o'n ceisio rhoi ar ddeall iddyn nhw fod gan ei glustiau sain melysach i wrando arno na'r glanhawr swnllyd. 'Roedd hi'n ddiwrnod cyntaf Eisteddfod Genedlaethol Dyffryn Maelor yn y Rhos. 'Roedd Arthur wedi cael benthyg set radio gan un o fechgyn Heddlu Gwent ac 'roedd o'n benderfynol o gael gwrando ar y seremoni agoriadol, a hynny am reswm da. Ei chwaer, Lisa, oedd yn canu'r cywydd croeso.

Bu ond y dim i Lisa wrthod mynd i ganu i'r Rhos. 'Roedd y trychineb erchyll a'r pryder am Arthur wedi diffodd pob cân yn ei chalon. 'Roedd ei dwy ferch o dan y frech goch ac 'roedd meddwl am deithio o Drawsfynydd, lle 'roedd hi a'i gŵr, y Parchg. Gwyn Erfyl Jones yn byw, yr holl ffordd i'r Rhos ac ymddangos ar y llwyfan yn ormod iddi. Ond pan glywodd fod Arthur yn bwriadu gwrando, 'doedd ganddi ddim dewis, ac am 7.30 y bore, heb wybod fod y troseddwr wedi cael ei ddal ddwyawr ynghynt, cychwynnodd ar ei thaith. Ac fe ganodd Lisa.

Bore trannoeth aed â Boynton i lawr i'r ysbyty yng Nghas-gwent yn y gobaith y medrai Arthur adnabod ei lais. Gofynnwyd iddo ef ac wyth o ddynion eraill ddarllen y geiriau *'You shouldn't have come. I'm going to kill you'* wrth wely Arthur. Er fod Arthur wedi amau un, 'doedd o ddim yn ddigon siŵr, a chred erbyn hyn fod Boynton wedi newid tôn ei lais yn fwriadol.

Mewn llys ynadon arbennig yn Nhywyn y prynhawn hwnnw cyhuddwyd Robert Boynton, 48 oed, heb gyfeiriad sefydlog, gan y Ditectif-Arolygydd Humphrey Jones o Gaernarfon, o geisio llofruddio tri phlismon, Arthur Rowlands, Robert William Roberts o Swydd Amwythig a Robert Carswell o Heddlu Lerpwl. 'Roedd cannoedd o bobl wedi ymgynnull y tu allan i'r llys a bu'n rhaid gwarchod Boynton rhagddynt. Gofynnodd John du Rose am iddo gael ei gadw yn y ddalfa tan 17 Awst, ac fel rhan o'i dystiolaeth am yr hyn a ddigwyddodd ar ôl ei restio ailadroddodd eiriau Boynton,

'Fy nod mewn bywyd yw dinistrio'r heddlu.'
Gofynnodd hefyd am ganiatâd i gadw'r arian, tua 35 ceiniog a oedd ganddo yn ei feddiant.

Torri'r Garw

''Roeddwn i'n dechre meddwl am Olive, Carol a Gareth,' meddai Arthur wrth gofio'r dyddiau pan ddechreuodd gael ei nerth yn ôl yn Ysbyty St. Lawrence. 'Roedd Olive yno wrth ei ochr drwy'r oriau blin a chafodd aros yno am fis cyfan. Bu'n rhaid iddi bicio adref i drefnu bod y plant a'u nain yn cael mynd at Eira, ei chwaer, i Rydymain ac oddi yno i Sir Fôn at ei brawd. 'Roedd hi'n wyliau haf, wrth lwc, a chafodd y plant aros yn Nhŷ'n Llan, Tregaian tan ddiwedd Awst. Ar wahân i fynd adref i Gorris i nôl dillad glân a gweld fod popeth yn iawn yno, yn ystafell Arthur y treuliodd Olive y mis hwnnw, ac mae'n ddiolchgar hyd heddiw am gael bod yno yn hytrach na bod gartref yn cnoi ei hewinedd.

''Roedd o'n rhyw fath o therapi i mi,' meddai.

Ac wrth wylio'r nyrsus yn trin y briwiau cafodd nerth a hyder, nid yn unig i gynorthwyo'n ymarferol, ond hefyd i dderbyn yr anorfod ac i wynebu ei rôl newydd fel gwraig i'r Arthur dall.

O blith y nyrsus yn yr ysbyty mae Arthur yn cofio am un yn arbennig. Barbara John oedd ei henw. Un dydd, wedi sylwi mor ddeheuig 'roedd hi'n ei drin, holodd hi sut 'roedd ganddi'r fath gydymdeimlad deallus â pherson dall. Eglurodd hithau ei bod wedi gorfod gadael yr ysgol yn bedair ar ddeg oed oherwydd bod ei mam wedi colli ei golwg. Lwc fawr i Arthur oedd ei bod hi'n digwydd bod ar y ward.

Ond y mae un person y teimla Arthur ac Olive yn fwy dyledus iddo na neb am ei ofal a'i gyfeillgarwch anhygoel yn ystod y dyddiau tywyll. Ar ôl i'r Heddwas Ronnie Owen, a oedd wedi ei hebrwng i'r ysbyty, orfod mynd adre, gofynnodd y Prif Gwnstabl i Arthur pwy, o blith yr heddlu, yr hoffai ei gael gydag ef yn yr ysbyty, a'i ddewis oedd ei hen ffrind o ddyddiau Bryn Cethin a'r Bermo, a oedd erbyn hyn yn blismon yn Nolgellau, sef William Jones, neu Wil *Eighty Two,* fel y'i gelwid, brodor o Landwyfach, Sir Gaernarfon. Gan ei fod yn ddi-briod 'roedd Wil yn rhydd i aros yng Nghas-gwent cyhyd ag 'roedd ei angen yno, a dyna'r tonic gorau y gallasai Arthur fod wedi ei gael.

Ni cheir y melys heb y chwerw meddai'r hen air. Mae'r gwrthwyneb yr un mor wir. Pan fydd Arthur yn hel atgofion am y cyfnod hwn yn yr ysbyty, ac yntau ar goll yn y tywyllwch dieithr, nid sôn am boen a wna, nid sôn am y tyllau atgas lle bu ei lygaid, nid sôn am y llawdriniaeth i dynnu saith o'i ddannedd nac am yr ofn a'r anobaith, ond am yr hwyl a gafodd Olive ac yntau efo Wil 82.

'Welsoch chi ddim *male nurse* cystal â fo,' meddai. ''Roedd o efo fi o fore gwyn tan nos, ac 'roedd o'n gymeriad. 'Roeddwn i wedi cael fy saethu yn fy ngheg ac oherwydd hynny'n methu â chnoi ac yn gorfod byw ar fwyd llwy am hir, y *Diet No. 1* mae nhw'n ei alw fo. Wel fel 'ron i'n gwella 'roeddwn i'n cael rhyw gig mân, a dyma fi'n gofyn,

"Be sy o 'mlaen i heddiw, Wil?"

"Wel, wyddost ti be?" medde Wil, "'Dw i ddim wedi gweld yr hen gath goch 'na bore 'ma. Ma' honno 'di diflannu i rywle. Dydy'r stwff 'na sy ar dy blât ddim yn annhebyg . . ."

'Roedd 'na hogyn bach tua dyflwydd a hanner wedi dwad i'r 'stafell 'gosa i mi. 'Doedd o ddim yn medru gair o Saesneg a dyna lle 'roedd o'n swnian o hyd.

"Isio diod! Isio diod!" a'r nyrsus ddim yn deall.

Wil yn cyfieithu. Ond gan nad oedd y bychan ddim i fod i gael llawer 'roedden nhw'n ceisio rhoi rhyw ddiferyn iddo fo. Dim yn tycio.

"Isio yfed o'n hun," medde fo.

"Well, give him the bloomin' water," medde Wil wrthyn nhw, a dyna fu.

Toc 'roedd o'n gweiddi eto ar dop ei lais,

"Isio pi-pi! Isio pi-pi!" a'r nyrsus yn holi be oedd yn ei boeni'r tro yma.

"Well," medde Wil, *"now he wants to get rid of all the bloomin' water you gave him."*

Fel'ne 'roedd Wil drwy'r dydd, yn cadw rhywun i fynd pan oedd fwya o angen, yntê.'

Mae un stori arall o'r cyfnod hwn yn werth ei chofnodi gan ei bod yn tanlinellu mor bwysig oedd hiwmor i Arthur yn ei ymdrech i'w gadw ei hun rhag syrthio i ddyfnderoedd pwll anobaith.

'Roedd merch o'r cymoedd o'r enw Beryl Chapman yn yr ystafell agosaf at Arthur yn cwyno ar ei byd byth a beunydd, er fod ganddi bob moethusrwydd, set deledu yn ei hystafell a phopeth at ei chysur. Efallai ei bod hi'n teimlo fod y plismon dall yn cael ar y mwyaf o sylw. 'Roedd y nyrsus, o raid, wedi gorfod rhoi llawer o'u hamser iddo. Ond ar ben hynny 'roedd gweld yr holl blismyn yn mynd a dod, a hyd yn oed T. W. Jones, yr Aelod Seneddol, yn galw heibio, yn siŵr o fod wedi peri iddi deimlo ychydig bach yn genfigennus.

Cyn gynted ag 'roedd o'n cael cerdded o gwmpas aeth Arthur, ym mraich Wil, i edrych amdani a chafodd dipyn o'i hanes. Tua deunaw mis ynghynt, pan oedd hi a'i phriod yn byw yn Kenya, 'roedd hi wedi cael damwain mewn *landrover* ac wedi gorfod cael triniaethau garw ar ei hysgwydd a'i choesau, ac er ei bod wedi gwella'n dda 'roedd ganddi graith hyll iawn ar ei choes ac 'roedd wedi dod i Ysbyty St. Lawrence i gael impio croen. 'Roedd hi'n gorfod mynd o gwmpas mewn cadair olwyn.

Un diwrnod pan oedd Arthur a Wil ar eu ffordd i'r ystafell 'molchi daethant ar draws Beryl yn ei chadair yn y coridor a'i chyfarch fel arfer. Heb ddim ond prin ateb, dyma hi'n dechrau cwyno nad oedd neb wedi dyfeisio offer i'w chynorthwyo hi, ac, o'i chyfieithu, rhywbeth tebyg i hyn oedd y sgwrs.

'Wel, am be 'rwyt ti'n cwyno rŵan, Beryl?'

'O, twt, wyddost ti ddim byd amdani, Arthur.'

'Be ti'n feddwl?'

''Dw i newydd fod yn cael bath.'

'Ie, a be 'di'r anhawster?'

'Wel, hyn. Mae gen i fraich giami a choes giami. Mae'n rhaid imi roi bwrdd ar draws y bath. 'Dydw i ddim i fod i roi fy nghoes yn y dŵr, felly mae'n rhaid i mi fynd i mewn i'r bath a dal fy nghoes i fyny. Wel, efo braich giami a choes giami mae hi'n anodd iawn, iawn imi ddwad allan wedyn, ontydi?'

'Wel, Beryl bach,' meddai Arthur, 'os mai dyna'r cwbl sy'n dy boeni di, tro nesa y byddi di'n mynd am y bath, galw heibio ac mi ddo i efo ti.'

'A be fedri di neud felly?'

'Wel, mi fedra i dy godi di i mewn i'r bath a dy godi di allan, Beryl, a raid iti ddim poeni. Wela i ddim byd.'

Ac am y tro cyntaf, mi chwarddodd Beryl ac 'roedd hi'n hyfrydwch ei chlywed hi.

'Oh, Arthur,' medde hi, *'I know very well that you've lost your sight, but you've still got your sense of touch!'*

Ac o hynny ymlaen 'doedd Beryl ddim yr un un.

Gwaith Wil yn yr ysbyty oedd codi calon Arthur.

'Ac nid gwaith hawdd oedd hynny,' meddai. ''Rydw i'n cofio gofyn iddo fo oedd o'n gweld gwahaniath rhwng dydd a nos.

''Ma'r cwbl yn dywyll i mi, Wil bach,'' oedd yr ateb.

Mi fyddwn i'n darllen llawer ar y papurau iddo fo,

yn enwedig canlyniadau pêl-droed o'r *Daily Post.* Darllen llythyra hefyd. Mi gafodd ugeinia.

'Roedd y metron yn ddynes garedig iawn ac 'roedd ganddi bwdl bach du o'r enw Maxima. Byddai'n rhaid i Maxima roi naid ar y gwely i ddweud helo wrth "Mr. Rowlands". Sôn am hwyl! Fyddai gan Arthur druan ddim syniad pa ben i roi o-bach iddo, gan fod arogl pur ddrwg ar y ddau ben!'

Un diwrnod aeth ag Arthur am dro yn y car cyn belled â Chasnewydd. 'Doedd Wil erioed wedi gyrru mewn tref mor brysur gan mai dim ond newydd basio ei brawf gyrru yr oedd o.

'Wyt ti wedi dreifio mewn lle fel hyn o'r blaen?' holodd Arthur.

'Wel, do, o Ddolgella i Bryncir yn ôl a blaen,' meddai Wil.

Fel yna, o un funud i'r llall 'roedd Wil yn llwyddo i droi popeth yn hwyl. Hyd yn oed pan fyddai'r plisg plastig y gorfodid Arthur i'w wisgo yn ei lygaid yn llithro allan byddai'r ddau yn cael hwyl fawr wrth geisio eu 'stwffio nhw'n ôl.'

Wrth gwrs, fe fu munudau pan oedd hyd yn oed afiaith parablus Wil yn gorfod tewi. Pan ddaeth Olive yn ei hôl i'r ysbyty ar ôl bod adref, er enghraifft, ac Arthur yn holi sut 'roedd yr hen blant, a hithau'n ateb. Yntau yn ei ddagrau'n dweud,

'Wela i byth mo'nyn nhw eto.'

A dyna'r tro hwnnw pan aeth Wil ag Arthur i'r ward lle 'roedd plant yn dioddef o effeithiau *thalidomide.*

'Anghofia i byth mo'r profiad hwnnw,' meddai Arthur, 'pan ddeudodd Wil,

"Ma 'ne blant bach fan hyn heb ddim breichie a heb ddim coese."

'Roeddwn i'n deud wrthyf fy hun, "Wel, pwy ydw i i gwyno o gymharu â'r creaduried bach yma. Y cwbl ydw i wedi ei golli ydi fy ngolwg. Mae 'nghoese a 'mreichie gynna i ac 'rydw i'n gallu mynd o gwmpas."

93

'Rydw i'n credu fod y profiad wedi bod yn dro yn fy mywyd i, wedi gwneud imi ddechre anghofio'r hunandosturi. Wrth ddwad ar draws rhywun gwaeth na chi'ch hun 'rydech chi'n cael agoriad llygad.'

Fel yna'n union y mae Arthur yn siarad heddiw, sôn am 'agoriad llygad' am 'weld' y gêm am 'wylio'r' teledu. 'Dydy'r ffaith ei fod wedi colli ei olwg ddim yn golygu chwaith fod yn rhaid i bawb sy'n siarad ag ef newid eu geirfa.

Ond yn yr ysbyty, sgwrsio'n naturiol oedd y peth mwyaf anodd yn y byd i ffrindiau a pherthnasau Arthur wrth ei weld am y tro cyntaf. Mae Gwyn Erfyl yn cofio eistedd wrth y gwely a Trebor, brawd Arthur, yn methu â dod o hyd i eiriau, ond Arthur, fel petai'n sylweddoli, hyd yn oed bryd hynny, mai ganddo ef ei hun 'roedd yr allwedd, yn holi ble 'roedd o arni efo'r c'naea a sut 'roedd y ffensio'n dod ymlaen, ac yn llwyddo rywsut i gynnal y sgwrs. Hynny heb sylweddoli fod sôn am ffensio fel tân ar groen Trebor, yn ei atgoffa o'r geiriau y buasai'n rhoi'r byd am fedru eu tynnu'n ôl. 'Roedd Arthur wedi bod yn ei helpu i osod polion ychydig cyn iddo gael ei saethu, ac wrth weld un polyn heb fod yn hollol yn ei le, meddai wrth Arthur,

'Wel, mi fase dyn dall wedi medru gwneud yn well.'

Ar ôl Boynton, dim ond un person a fu wrth wely Arthur heb gael croeso.

'Fu bron imi dagu hwnnw,' meddai. 'Rhyw ddyn dros y Weinyddiaeth Bensiynau ddoth heibio a gofyn i mi ôn i'n gweld. 'Roedd gynno fo ryw hen *penciltorch* bach, medde nhw, yn trio fflachio o 'mlaen i ac yn edrych i mewn i'r soced rhag ofn bod gynna i lygad yn rhywle. Ond mae'n debyg bod gan hwnnw ei waith i'w wneud.'

Pan ddaeth gwyliau'r haf i ben aeth Olive a'r plant at Winifred, chwaer Arthur a'r teulu, i fferm Tŷ Ucha, Llwyneinion, Y Bala. Cafodd Carol a Gareth fynd efo'u cyfnitherod, Gwenllian a Gaenor, i'r Ysgol Goch, yr ysgol lle cychwynnodd Arthur ei hun ei yrfa. Yn Nhŷ Ucha yr oedden nhw y diwrnod y cafodd eu tad adael yr ysbyty am y tro cyntaf, heb ei weld ers y diwrnod cyn iddo golli ei olwg.

'Wil aeth â fi adre,' meddai, 'a dyna ichi brofiad. 'Roedd y Siwpyr yn Nolgelle wedi gofyn iddo fo oedden ni angen unrhyw help i ddod adre, a'r cwbl ddeudodd Wil oedd y medren ni wneud â threilar i gario'r *liquid refreshments!* 'Roeddwn i'n arfer smocio ac 'roedd llawer o bobl wedi bod yn garedig, wedi cario sigarets imi, ond 'doeddwn i ddim wedi medru cyffwrdd ynddyn nhw yn yr ysbyty. Rhwng y poteli a'r sigarets, 'roedd gynnan ni lwyth go dda! Wedi inni gael tamed o fwyd yn Craven Arms ac ail-gychwyn, dyma Wil yn tanio sigaret. Dew, ddoth 'ne awydd mawr am smôc! Brenin Dafydd, do!

"Wst ti be?" medde fi wrth Wil, "ti wedi codi awydd arna i i gael smôc."

"Smôc!" medde fo. "Aros di'r cythrel, 'dwyt ti ddim yn mynd i gael chwydu yn fy nghar i."

A ches i 'run — er bod twr ohonyn nhw ar y sêt ôl. Ond fo oedd yn iawn. Gefais i sigaret ar ôl cyrraedd adre, ac mi fues yn sâl fel ci!

'Rydw i'n cofio'n dda, fel 'roeddwn i'n nesu at y tŷ, teimlo'n bryderus iawn. 'Roedd Olive wedi cyd-fyw efo fi yn yr ysbyty, ond 'doedd y plant ddim wedi 'ngweld i, ac 'roeddwn i'n ceisio dyfalu be odd yn mynd trwy eu meddylie bach nhw. Dwad i fewn i'r buarth, a dyne'r adeg y teimles i fwya y buaswn i wedi hoffi cael fy ngolwg yn ôl, am foment, imi gael eu gweld nhw, ac yn methu â derbyn na fedrwn i ddim. Meddwl be oedden nhw'n mynd i'w ddeud wrth eu tad. A mi ddoth y ddau i 'nghyfarfod i a chydiad yn fy llaw i, un bob ochr. Carol yn crio. Gareth, dipyn yn iau, yn dal. Fu ond y dim i minne grio'r adeg honno, crio o lawenydd a chrio o ddigllonedd. Ond 'roedd y ddau wedi dod atyn eu hunen yn fuan iawn ac wedi fy nerbyn i.

Bore trannoeth 'roedd Olive wedi dweud wrtha i am beidio rhuthro i godi. Mi ddoth Gareth i'r gwely ata i. 'Roeddwn i'n teimlo ei fod o'n edrych arna i, yn ddistaw bach, a dyna fo'n deud,

"Dad," medde fo. "'Dydi o'n biti na fase gynnach chi un llygad, on'tydi? F'asech chi'n gallu dal i ddreifio car wedyn, n'basech?"

A'r adeg hynny 'roedd 'na lwmp. Sylweddoli na fedrwn i byth fynd â nhw, ac wedi edrych ymlaen wrth gwrs, fel 'roedden nhw'n tyfu, at gael cymryd mwy o ran yn eu bywyda nhw. Ond Olive druan yn gorfod edrych ar ein holau ni i gyd yn y diwedd.'

Erbyn canol mis Medi 'roedd Arthur wedi gwella'n ddigon da i roi tystiolaeth yn erbyn Boynton yn Llys Ynadon Tywyn. 'Roedd papurau newydd y dydd yn llawn o fanylion am yr achos, am Arthur â'i sbectol dywyll a'i ffon wen yn sefyll yn y bocs am 35 munud i roi ei dystiolaeth ac i ateb cwestiynau Boynton, a'r creithiau yn amlwg ar ei wyneb. Sonnir yn ddramatig am Boynton yn apelio am hawl i ddarllen ei gerdd hir, 5,000 o eiriau, dan y teitl *'Beowulf'* y mynnai ei bod yn berthnasol i'w amddiffyniad, am yr ynadon yn dychwelyd, wedi darllen peth ohoni, yn gwrthod â'i chaniatáu oherwydd ei bod yn anllad ac yn fradwrus ac yn gwbl amherthnasol. Ond ni wyddai gwŷr y wasg ddim am y ddrama fawr a ddigwyddodd yn enaid Arthur y diwrnod hwnnw.

"Roedd Wil wrth f'ochr i yn y bocs,' meddai, 'ac ar ôl imi orffen rhoi tystiolaeth mi aethon â fi i eistedd, rhoi cader imi reit o dan y bocs lle 'roedd Boynton yn sefyll. 'Roeddwn i'n clywed ei lais o yn f'ymyl i. Bron nad oeddwn i'n clywed ei anadl o ar fy ngwar i. 'Roedd o'n nes imi, os rhywbeth, na'r noson y saethodd o fi. Mi ddoth rhywbeth drosta i. 'Roeddwn i'n gwasgu'r ffon ac mi fu'r nesaf peth imi golli arnaf fy hun a chodi ar fy nhraed a'i waldio fo. Ond mae'n rhaid fod rhywun wedi sylwi fod rhywbeth o'i le achos mi aethon nhw â fi allan, meddwl 'mod i'n mynd i lewygu.

Mi fydd pobl yn dal i ofyn imi, "Ydech chi'n dal dig?" Wel, mi 'roeddwn i'r diwrnod hwnnw. Mae'n debyg fod yr anifel ymhob un ohonon ni. 'Roedd o'n rhy agos, ac 'roedd o wedi mynd â'r peth mwya gwerthfawr odd'arna i. Mi faswn i wedi medru ei ddyrnu o efo'r ffon, O, b'aswn, 'tawn i wedi cael hanner siawns.'

Traddodwyd Boynton i sefyll ei brawf ym Mrawdlys Caernarfon.

Diwrnod y llys traddodi yn Nhywyn 'roedd John du Rose yn llongyfarch Arthur ac yn dweud wrtho fod y disgrifiad a roesai o Boynton yn berffaith ar wahân i un peth. Pan ddaliwyd ef yn Aberllefenni 'roedd o'n gwisgo cap stabl, nid un gwau, ac 'roedd John du Rose wedi meddwl fod Arthur, mewn un manylyn, wedi gwneud camgymeriad. Ond cyfaddefodd Boynton fod ganddo gap wedi ei wau. Yr unig beth o bwys oedd ar goll oedd y beic, ond ar ddiwrnod y llys aed â'r diffynnydd, ynghlwm wrth ddau blismon, i'r goedwig lle 'roedd o'n honni ei fod wedi ei guddio, a dyna ble 'roedd o wedi ei orchuddio â brigau a rhedyn, yn union fel 'roedd Arthur wedi ei ddisgrifio.

Ar ei ffordd adref o'r llys yng nghwmni Gwyn Erfyl y diwrnod hwnnw galwodd Arthur heibio i rai o'i hen ffrindiau a chafodd Gwyn gipolwg ar ddawn ryfedd ei frawd-yng-nghyfraith i dorri trwy awyrgylch o anghysur a thosturi ac i adfer yr hen gynhesrwydd a'r normalrwydd yn ei berthynas â hwy.

Galw gyntaf heibio Anti Gwen ac Yncl Hughie ym Monfa, Tywyn, a hwythau heb weld Arthur ar ôl iddo golli ei olwg.

"Dw i'n cofio'n iawn,' meddai Gwyn, 'mynd i'r tŷ. Arthur yn gweld dim byd. 'Roedden nhw wedi casglu'n griw bach at ei gilydd i'w gyfarfod o, ac eto 'doedden nhw ddim eisio'i gyfarfod o. Ô'n i'n gweld y dagre ymhob man ac un neu ddau'n mynd allan yn ddistaw bach. Y peth wedi mynd yn ormod iddyn nhw. Anti Gwen, hyd yn oed, dan straen. A wyddoch chi be? Hyd yn oed yn ei wendid, dyna Arthur yn dechre siarad yn dawel — a deud rhyw stori fach. A dyna nhw'n dechre dod yn eu hole, ac yn ara deg dyna'r awyrgylch yn dechre newid. Toc 'roedd pawb yn sgwrsio reit hapus, wedi anghofio hyd'n oed am ei ddallineb o.'

Mynd trwy'r un math o brofiad yn union yn Nôl-goch wedyn. Pawb yn eistedd yn anniddig yn y gegin, ddim yn gwybod beth i'w ddweud. Disgwyl Idris i'r tŷ. Ei glywed o'n dod. Ei glywed o'n golchi ei ddwylo . . . yn hir yn golchi ei ddwylo, a phan ddaeth o o'r diwedd, Arthur dorrodd yr iâs.

'Dew, Idris?' meddai wrtho, ''Rwyt ti'n edrach yn dda, fachgen.'

Wrth yrru am adref trwy Fwlch Tal-y-llyn fe soniodd Gwyn wrth Arthur am y ddwy ddrama fawr a welsai'r noson honno, y teuluoedd dan straen, yn methu torri'r garw, ac yntau wedi llwyddo i wedd-newid yr awyrgylch trwy fod yn hollol naturiol.

'Gwranda Arthur,' meddai wrtho, 'pan fyddi di'n ddigalon, yn poeni sut 'rwyt ti'n mynd i wynebu bywyd, cofia di hyn — mae gen ti lot fawr i'w roi allan o dy boen i gymdeithas. Fedri di, yn dy esiampl ac yn dy nerth, ddysgu gwers i bobl.'

'A hwyrach,' meddai Gwyn, 'o edrych yn ôl, bod hwnne wedi mynd yn rhan o'i gyfansoddiad o, achos mae o wedi troi'r cyfan yn rhyw fath o her ac yn genhadeth fwriadol.'

Ar ddiwedd yr achos yn erbyn Boynton ym Mrawdlys Caernarfon ym mis Hydref 1961 'doedd gan y Barnwr Hinchcliffe ddim amheuaeth ynglŷn â'r modd y byddai i

Arthur wynebu'r dyfodol. 'Roedd Arthur yno fel un o'r deg ar hugain o dystion pan gyhuddwyd Boynton o saethu at dri phlismon gyda'r bwriad o'u lladd. Gwrthododd y diffynnydd gymorth cyfreithiol a dewisodd ei amddiffyn ei hun. Ceisiodd eto gael caniatâd i ddarllen ei gerdd faith a honnodd mai rhan ydoedd o'i ymgyrch yn erbyn y Gestapo Iddewig. Unwaith eto dyfarnwyd ei bod yn amherthnasol. Tystiodd dau arbenigwr fod Boynton yn dioddef o salwch meddwl. Caed ef yn euog ac anfonwyd ef i Ysbyty Meddwl Broadmoor am o leiaf 30 mlynedd.

Cymeradwyodd y Barnwr yr heddweision Rowlands, Roberts, Carswell a Davies am eu gwrhydri.

'Tuedda rhan fechan o'r cyhoedd,' meddai, 'yn aml i fychanu gwaith yr heddlu, ond sylweddola'r mwyafrif fod gwaith plismon yn gyfrifoldeb o'r mwyaf.'

Cymeradwyodd hefyd Siegfried Steiler am ei wasanaeth yn helpu'r heddlu, a Meirion Williams, y postmon am ei weithred ddewr yn mynd allan o'i dŷ gefn trymedd nos i gynorthwyo Arthur gan wybod fod rhywun â gwn ganddo gerllaw.

'Dymunaf ddweud, mewn perthynas â Rowlands,' meddai, 'ac yntau wedi ei ddallu'n llwyr gan y saethu, fy mod yn argyhoeddiedig, wedi ei adnabod, y bydd iddo wynebu'r dyfodol â phenderfyniad a gwroldeb, gan wybod y cofir ei weithred ddewr ef am byth gan ei gyfeillion a'i gymrodyr yn yr Heddlu a chan y cyhoedd.'

'Roedd y Barnwr, wrth gwrs, yn llygad ei le.

Aeth Boynton, ar ôl byw'n wyllt ac unig ym mynydd-dir Cymru, lle 'roedd wedi llwyddo i'w gynnal ei hun am dair blynedd trwy ladrata, i wynebu unigrwydd tra gwahanol rhwng muriau carchar Broadmoor. Aeth Arthur, cyn diwedd y mis, i glydwch y cartref newydd yng nghanol ei bobl ei hun yn nhref y Bala, yn benderfynol o beidio â gadael i'w ddallineb ei garcharu ef rhwng pedair wal.

Y Gronfa

Cyn iddo adael yr ysbyty yng Nghas-gwent fe ddigwyddodd dau beth a barodd i Arthur feddwl bod ffawd, o'r diwedd, yn dechrau gwenu arno unwaith eto. Gan y gwyddai na fedrai fod yn blismon byth mwy 'roedd mewn cryn benbleth ynglŷn â'r lle 'roedd o a'i deulu'n mynd i fyw. Bu pobl Corris yn garedig iawn yn cynnig chwilio am dŷ iddo a chafodd gynnig tŷ cyngor yn Y Bermo, ond wedi pwyso a mesur penderfynodd ef ac Olive mai'r Bala fyddai'r lle delfrydol iddynt, gan fod Arthur yn adnabod y dre fel cefn ei law, yn adnabod y bobl a hwythau'n ei adnabod yntau, a chyn bwysiced â dim, gan mai ym Mhenllyn 'roedd y rhan fwyaf o'i berthnasau'n byw.

Y lwc gyntaf fu i David Morris Davies, Tŷ Cerrig Isa, Parc, mab Pantyneuadd, lle 'roedd Arthur wedi bod yn gweini, ddigwydd taro ar ei dad un diwrnod a holi amdano.

'Ydi o'n gwella?'

'Wel, ydi. 'Ryden ni wedi cael cownt reit dda amdano fo, ac mae nhw'n sôn y basen nhw'n licio cael tŷ o gwmpas y Bala.'

'Wel, 'does dim rhaid ichi edrych ddim pellach,' meddai Dei Morris. 'Mae gan Meinir, fy chwaer, dŷ yn Stryd Arenig. Meddwl am ei werthu o 'roedd hi, ond 'dw i'n siŵr y bydd hi'n fodlon ei osod o i Arthur ar rent.'

Yr ail lwc oedd y cyd-ddigwyddiad hapus fod y si wedi cyrraedd clustiau Arthur ac Olive fod yr ymateb i'r gronfa a oedd wedi cael ei chychwyn er eu budd yn debygol o fod yn ddigon i'w galluogi i brynu'r tŷ. Ac felly y bu.

Cyn mynd ymlaen â hanes Arthur, fodd bynnag, mae'n rhaid sôn am yr ymateb anhygoel a fu i'r apêl a sefydlwyd i'w gynorthwyo gan Arglwydd Raglaw Sir Feirionnydd, y Cyrnol J. F. Williams-Wynne.

Mewn llythyr dyddiedig 29 Medi, 1982 mae'r Cyrnol Williams-Wynne yn sôn sut y bu iddo glywed am saethu Arthur ar y radio am 6.00 o'r gloch y bore y digwyddodd.

> 'Deellais nad oedd fawr o obaith y byddai byw,' meddai, 'ac felly, tra 'roeddwn i'n siafio, penderfynais gychwyn apêl, gan obeithio y deuai i wybod amdani a deall y byddai o fudd i'w briod ac efallai, o wybod hynny, y byddai iddo ymladd i gadw ei fywyd os nad ei lygaid.'

Gofynnodd i'r Prif Gwnstabl a oedd ganddo ef unrhyw wrthwynebiad iddo gyhoeddi'r apêl pan fyddai'n cymryd y gadair yn Llys Tywyn y diwrnod hwnnw. Atebodd yntau nad oedd ganddo hawl i ganiatáu'r fath apêl.

> 'Nid gofyn am ganiatâd yr ydwyf,' meddai Williams-Wynne, 'ond fyddwn i ddim yn hoffi cychwyn yr apêl heb ddweud wrthych.'

Atebodd y Prif Gwnstabl y byddai'n ei chroesawu. Gyda'i fod wedi eistedd yn y llys ar ôl cyhoeddi ei fwriad i gychwyn apêl fe sylweddolodd nad oedd neb o'r wasg yn bresennol, felly gofynnodd i'r clerc fynd â'r nodiadau i'r gohebydd lleol oedd yn byw gerllaw, a rhwng dau achos eglurodd i'r gohebydd y byddai'n gwneud byd o wahaniaeth petai'r wasg a'r cyfryngau'n rhoi sylw i'r peth, ac erbyn bore trannoeth, trwy gyfrwng y B.B.C. a'r wasg, 'roedd y newydd wedi cyrraedd pob cwr o Brydain a thu hwnt.

Cafodd y gronfa gychwyn ardderchog ar faes y Brifwyl yn y Rhos. Wedi i Lisa, chwaer Arthur, ganu'r cywydd croeso fore Llun sylweddolodd y Parchg. J. Williams Jones, ficer y plwy ac aelod o bwyllgor gwaith yr ŵyl, fod llawer o bobl ar y maes yn awyddus i gyfrannu. Aeth ati'n ddiymdroi i sefydlu pwyllgor, gyda Mr. Bryan Hughes, cadeirydd y Pwyllgor Cyllid, yn gadeirydd, Mr. Vaughan Jones, bancwr, yn drysorydd ac ef ei hun yn ysgrifennydd. Caed benthyg blwch pren o babell y Groes Goch a'i osod o flaen pabell yr Eglwys yng Nghymru. Gwnaeth un o feirniaid yr adran gelf boster a chafwyd caniatâd parod Llys yr Eisteddfod i wneud apêl swyddogol ar y maes. Y cyntaf i gyfrannu oedd y saer coed a dorrodd dwll yn y bocs. Gyda'i fod wedi gorffen gwthiodd bapur punt trwyddo.

Benthyciwyd blychau gan yr Urdd hefyd a chasglwyd swm sylweddol oddi amgylch y maes a gwnaed casgliad ymhlith y dorf o flaen neuadd Plas y Mwynwyr lle 'roedd Mr. Tawe Griffiths yn arwain y canu yn yr hwyr. 'Roedd cyfanswm y cyfraniadau o'r eisteddfod yn £474. (A chyda llaw, onid yw'n eironig mai testun y bryddest yn Y Rhos oedd 'Y Ffoadur'?)

Un arall a welodd ei gyfle i gasglu swm sylweddol yn sydyn oedd llywydd Clwb y Rotariaid yn Ninbych, lle 'roedd y sioe flynyddol yn cael ei chynnal ganol Awst. Gosododd ef gortyn ar draws cwr o'r cae a bocs i bobl ollwng eu cyfraniadau iddo ac ar ddiwedd y dydd aed o gwmpas gyda phwcedi i roi cyfle olaf i'r rhai na welsent y bocs. Codwyd dros £100 yno.

Y gŵr a gafodd y gwaith o ofalu am y gronfa oedd Mr. Dafydd Jones-Williams, clerc Cyngor Sir Feirionnydd yn Nolgellau, a chyn pen dim 'roedd yr arian yn cyrraedd o bob cwr o Gymru a Lloegr a chyn belled â Seland Newydd, y cyfraniadau yn amrywio o ychydig geiniogau i £2,000.

Anfonwyd arian gan lawer o unigolion. Hen wraig 92 oed, er enghraifft, yn anfon hanner coron, a charcharor o Gaerdydd yn anfon punt. Gyrrodd yr anaesthetegydd a ofalodd am Arthur yn Ysbyty St. Lawrence ei gyfraniad gan ddatgan ei edmygedd mawr ohono ef ac Olive.

'Mewn deng mlynedd ar hugain o brofiad mewn ysbytai, dyma'r achos mwyaf trallodus a welais,' meddai.

1. 'Trebor oedd yr hynaf, ac Arthur yn agos iawn ato.'

2. 'Rhes o dai gwynion oedd y Plase . . .' Tynnwyd y llun hwn ar adeg llifogydd.

3. Ysgol y Parc. Gwelir y Prifathro, **R. G. Roberts**, ar y chwith. Yn yr un rhes, Arthur yw'r trydydd oddi wrtho a
    Threbor yw'r pumed. Win yw'r drydedd o'r dde yn yr ail res o'r cefn, ac mae Lisa'n eistedd o'i blaen, yn ail yn y
    drydedd rhes.

4. Yn y Rhyl, yn 1945, efo Trebor, ei frawd, ar y dde. 'Welch chi'r rosét gin Treb? 'Roedd o wedi ennill ar ganu penillion yn 'Steddfod Pentrecelyn a dyna daro'r rosét yn ei gôt cyn tynnu'r llun.'

5. Yn y Bermo.

6. Tîm pêl-droed y Bermo. Capten—Arthur Rowlands.

7. ''Roedd parch i Arthur yn Abergynolwyn.' Yn y llun fe'i gwelir yng nghwmni rhai o'i gyd-aelodau o Glwb Pysgota Ystumanner ar ddiwrnod stocio'r afon.

8. 20 Hydref, 1949. Arthur ac Olive ar ddydd eu priodas. Y tu ôl iddynt gwelir Trebor a thad a mam Arthur.

9. Gwanwyn 1956. Arthur, Olive, Carol a Gareth, 'y plisman bach'.

10. Pont-ar-Ddyfi, 2 Awst, 1961.

11. Robert Boynton rhwng y
Cudd-Arolygydd John du Rose a'r
Ditectif Glanmor Hughes.

12. 'a mi ddoth y ddau i 'nghyfarfod i a chydiad yn fy llaw i, un bob ochr . . .'

13. Yr Heddwas William Jones, 'Wil 82', —''roedd Wil yn llwyddo i droi popeth yn hwyl.'

14. Medi 1961. Arthur yn gadael Tŷ Ucha i roi tystiolaeth yn Llys Ynadon Tywyn.

Trefnodd y cynghorau lleol gasgliadau o dŷ i dŷ. Anfonwyd cyfraniadau gan weithwyr a chwmnïau, heddluoedd a mudiadau, clybiau pêl-droed a sefydliadau o bob math.

Aeth dwy ferch fach o Carville ger Durham ati i drefnu cyngerdd; symud cadeiriau o'r tŷ i'r garej a chael hen hors dillad yn lle llenni, codi ceiniog a dimai ar oedolion a cheiniog ar blant ac anfon y coron o elw i gronfa Arthur Rowlands. Ac yng Nghymru aeth dwy ferch fach o Benparcau, Aberystwyth ati i werthu eu teganau ac anfon yr elw o £1. Ond nid y merched yn unig a fu wrthi. Galwodd dau fachgen bach yn swyddfa'r *Liverpool Daily Post & Echo* yn Lerpwl a gadael llond pedwar cwdyn o geiniogau, cyfanswm o 14/8c a gasglwyd mewn parti plant a gynhaliwyd er budd y gronfa.

Anfonodd Clwb Pêl-droed Manchester United dîm o hogiau dan 18 oed i Bwllheli i chwarae yn erbyn tîm o ieuenctid o Ogledd Cymru. 'Roedd yr ymwelwyr yng ngofal Jimmy Murphy, rheolwr tîm cenedlaethol Cymru ar y pryd, y gŵr a fu'n rheoli'r Busby Babes ar ôl trychineb Munich. Trefnwyd y gêm arbennig hon er budd un a fu mor hoff o chwarae pêl-droed gan Mr. Bob Richards, athro chwaraeon Ysgol Botwnnog.

Ar ran yr Urdd trefnodd y Parchg. H. E. Jones, rheithor Garthbeibio un o'r nosweithiau llawen gorau a welwyd erioed yn neuadd Y Foel, Sir Drefaldwyn. 'Roedd y neuadd yn orlawn i wrando ar ddoniau fel Tudor Parry o Aelwyd yr Amwythig, aelodau o Aelwyd Llanbrynmair, Tecwyn Jones, Llanfihangel yng Ngwynfa, Ryan Davies a oedd ar y pryd yn arweinydd Aelwyd Llundain, Rhydderch Jones, arweinydd y noson, a pharti penillion Dinas Mawddwy. 'Roedd Gwyn Erfyl yno i dalu'r diolchiadau ac i gludo recordiad o'r noson bob cam i Gas-gwent er mwyn i Arthur gael ei glywed.

Yn Llanegryn 'roedd cyngerdd wedi cael ei drefnu gyda'r bwriad o glirio'r ddyled oedd ar y neuadd. Ond pan glywyd am saethu Arthur cytunodd pawb ag awgrym Mr. Hugh Rees, Hen Siop, i roi'r elw tuag at y gronfa. Yr artistiaid yno oedd Margaret Lewis Jones, Eleanor Dwyryd, Richard Rees a Richie Thomas, ac Eiluned Douglas Williams yn cyfeilio.

Llywydd y noson oedd Mrs. Williams-Wynne, ac wrth gyfeirio at yr ymateb syfrdanol i'r gronfa a'r stôr o garedigrwydd ac ewyllys da a amlygwyd dywedodd,

'Mewn amser rhyfel byddwn yn closio at ein gilydd yn wyneb perygl, ond weithiau, mewn heddwch, tueddwn i ymwahanu a chreu a chodi rhagfuriau . . . ond fel y gwelwyd, deffrowyd yr awydd i helpu yng nghalonnau dynion, merched a phlant yn wyneb y trychineb hwn ar ffiniau Meirionnydd.'

Adroddodd Eleanor Dwyryd 'Mae'r Olwyn yn Troi' y noson honno a gallwn yn hawdd ddychmygu teimladau'r gynulleidfa, llawer ohonynt yn ffrindiau i Arthur a'r rhan fwyaf ohonynt yn ei adnabod, wrth glywed y geiriau,

Yn nrama fawr bywyd myn chwarae dy ran,
Bydd onest, bydd wrol, bydd ddoeth ym mhob man,
Paid colli 'run cyfle i helpu dy frawd,
Rho wên a rho groeso, boed fonedd neu dlawd,
Gwna garu dy elyn a bydd iddo'n ffrind,
Mae fory'n dy aros a ddoe wedi mynd.

Ganol mis Medi cyhoeddwyd fod y gronfa wedi cyrraedd £8,500 a bod y gost o'i gweinyddu wedi ei thalu'n breifat. Erbyn canol Rhagfyr 'roedd wedi chwyddo i £20,000 ac er i Williams-Wynne ddatgan ei bod wedi cau 'roedd arian yn dal i ddod i law.

Edliwiodd rhywun i Arthur unwaith mor lwcus oedd o wedi bod yn derbyn yr holl gyfoeth. Ateb Arthur oedd y buasai'n fodlon iawn dychwelyd pob dimai ohono petai'n cael ei olwg yn ôl.

'Nid lwc oedd o,' meddai, 'ond arwydd o garedigrwydd pobl, ac mi fu'n gymorth mawr i mi. Y cwbl fedra i wneud ar ran y teulu ydi diolch yn fawr iawn — a fedra i ddim dechre enwi. Ar ôl colli 'ngolwg y dois i i wybod fod pobl yn gwerthfawrogi yr hyn oeddwn i'n wneud cynt. Pan es i i weld pobl i ddiolch iddyn nhw am y gronfa 'roedden nhw wedi ei hel 'roeddwn i'n cael y fath groeso. 'Roedd o'n mynd at fy nghalon i. Pobl yn Abergynolwyn yn deud wrth yr hogyn aeth â fi yno,

"Edrychwch ar ôl hwn. Mi edrychodd o ar ein hôle ni."

"O, na," medde fi â lwmp yn fy ngwddw, "'roeddwn i'n cael fy nhalu am hynny."

"Oeddech, am fod yn blismon, oeddech. Ond 'roeddech chi'n gwneud mwy na hynny."

"Wel, pethe bach —"

"O, ie, ond 'roedden nhw'n bethe mawr i ni."

Ac o edrych yn ôl ar fy ngyrfa mi ges amser gwerth chweil ac mi faswn i'n gneud yr un peth eto. Rhan o 'nyletswydd i oedd yr hyn wnes i'r noson honno ym Mhont-ar-Ddyfi.

Yn anffodus, i lawer un sy'n colli ei olwg mewn amgylchiade gwahanol, 'does dim o'r fath beth â chronfa ar gael. A hwyrach mai'r holl garedigrwydd a ges i sydd wedi f'ysgogi fi i feddwl bod lle imi, efallai, i helpu'r anabl. Mae'n bosib bod hynny wedi bod yn help i'm harwain i tuag at y gwaith.'

Mae'r gŵr a sefydlodd y gronfa, Y Cyrnol J. F. Williams-Wynne, yn cydnabod yr help amhrisiadwy a gafwyd gan Gyngor Sir Meirionnydd a'u clerc Mr. Dafydd Jones-Williams. Mae hefyd yn awgrymu ei bod yn eithaf posibl mai'r holl gyhoeddusrwydd a roddwyd i achos Arthur Rowlands a ysbrydolodd y diweddar Syr Billy Butlin, yn fuan wedyn, i gyfrannu mor hael pan sefydlwyd Cronfa *Police Dependents Trust Fund* gan yr Arglwydd Stoneham. Yn sicr, nid cyd-ddigwyddiad oedd fod pobl Meirion wedi dyblu'r swm a osodwyd iddynt fel targed ar gyfer y gronfa honno.

Torquay — Y Bont yn Ôl

Cafodd Arthur dreulio Nadolig 1961 gyda'i deulu yn ei gartref newydd yn Y Bala. Wedi'r holl fisoedd o fynd yn ôl ac ymlaen i Ysbyty Cas-gwent ac i Ysbyty Caerdydd 'roedd y triniaethau ar ben o'r diwedd. 'Roedd y creithiau wedi gwella'n wyrthiol, 'roedd ganddo set o ddannedd gosod a phâr o lygaid ffug, ond i Olive, Carol a Gareth yr un oedd o o hyd. Ond 'roedd yr arbenigwr, Emlyn Lewis, wedi gofalu na châi swatio yng nghynhesrwydd ei aelwyd yn rhy hir.

''Does arna i ddim eisiau'ch gweld chi'n mynd adref i gael eich difetha gan eich teulu,' meddai wrtho. ''Rydw i'n trefnu ichi gael mynd i Torquay cyn gynted ag y bo modd.'

Ac ar 3 Ionawr, 1963 'roedd Olive ac yntau'n cychwyn i ddal y trên 8.30 y bore o stesion y Bala, wedi gadael y plant yng ngofal Anti Win.

'Diwrnod claddu Llwyd o'r Bryn oedd hi, a'r eira'n drwch at hanner coes, a finne'n teimlo'n ddigalon iawn wrth adael y Bala, ond mynd oedd raid. Cyrraedd tua 6.00 o'r gloch a chael tacsi i Manor House, un o ddwy ganolfan adfer sy'n perthyn i'r R.N.I.B. yn Torquay. 'Dw i'n cofio dwad allan o'r tacsi a dim awydd o gwbl mynd gam ymhellach. Bron â bod awydd troi'n ôl, a dyma lais yn fy nghyfarch i,

106

"I'm sure this is P.C. Arthur Rowlands. Welcome to Manor House. I'm Tom Drake."

Wel, 'roeddwn i'n gwybod fod Tom Drake, Pennaeth Manor House, yn ddall, ond wedi imi gyflwyno Olive dyma fo'n dweud wrtha i am afael yn ei fraich o. Dyma fo'n cerdded i mewn i'r adeilad mawr yma a finne'n rhyfeddu a meddwl, "Mae'n rhaid fod hwn yn gweld rhywfaint," ond 'doedd o ddim, a gyda'n bod ni i mewn yn y neuadd,

"Arthur," medde fo yn Saesneg, "waeth imi ddweud wrthyt ti rŵan. Chei di ddim tamaid o gydymdeimlad yn y lle yma." A minne'n meddwl mai dyna oeddwn i fwya o'i angen ar y pryd. "Ond," medde fo ar ôl aros am ysbaid, "mi gei di bob cymorth y medrwn ni ei roi iti."

Ac mi ges. Er, cofiwch, 'rydw i'n dal i feddwl bod 'chydig bach o gydymdeimlad yn help hefyd!'

Ar ôl cysgu noson 'roedd Olive yn cychwyn ar y siwrnai hir yn ôl i'r Bala gan adael Arthur ar drugaredd Tom Drake a gweddill y staff yn Manor House. Ond 'doedd dim angen iddi boeni. Cyn pen dim 'roedd rhywun wedi dod ato a'i gyfarch,

'Shw mae? Gobeithio dy fod ti'n siarad Cymraeg.'
Harold Owen o Lanelli oedd yno, aelod o'r staff a oedd yn gyfrifol am ddysgu'r deillion i fynd o gwmpas, a fu Arthur erioed mor falch o glywed yr hen iaith.

Cyn y gellir hyfforddi person sy newydd golli ei olwg ar gyfer unrhyw swydd mae'n rhaid ei ddysgu yn gyntaf i 'sgrifennu a darllen, cerdded a bwyta ac edrych ar ei ôl ei hun. Ceisir datblygu'r synhwyrau eraill i'r fath raddau nes eu bod yn cymryd lle'r llygaid. Gwneir hyn i gyd yn y ganolfan yn Torquay, ac ar yr un pryd ceisir meithrin hunan hyder yn y person a'i asesu ar gyfer gwaith.

O ddydd Llun i ddydd Gwener 'roedd bywyd ym Manor House yn debyg iawn i fywyd mewn ysgol breswyl. 'Roedd y pwyslais ar hunanddisgyblaeth yn amlwg o'r funud 'roedd rhywun yn deffro yn y bore. Disgwylid i bawb fod allan o'i ystafell wely erbyn wyth o'r gloch wedi ymolchi a gwisgo, gwneud y gwely a gadael yr ystafell yn dwt. Wedyn byddai gwersi darllen a 'sgrifennu Braille, teipio, gwaith llaw o bob math, gwaith basged, coed, metel a lledr.

"Rydw i'n cofio eistedd wrth y fainc yn fuan iawn wedi cyrraedd yno,' meddai Arthur, 'i wneud *Meccano,* yn llanc i gyd, yn meddwl y bydde fo'n hawdd. A dyna pryd ce's i'r addysg ore — pan fethes i'r tro cynta. Penderfynu wedyn 'mod i'n mynd i ddal ati. Wrth ddal ati mae llwyddiant yn dod o dro i dro, a 'does dim byd tebyg i lwyddo.'

Yr un agwedd benderfynol a ddangosodd wrth feistroli'r *Meccano* ag wrth anwybyddu'r swigen ar ei law yn Wern Biseg gynt a dal ati i dorri mawn. A'r agwedd hon a'i galluogodd hefyd i orffen y basgedi cywrain, y waled ledr a'r tri bocs pren caboledig, un bob un i Olive, Carol a Gareth yn y gweithdai yn Torquay.

'Wrth ichi ddefnyddio'r dwylo o hyd mae'r bysedd yn dwad i gyfleu i'r meddwl yr hyn 'roedd y llygaid yn medru ei weld cynt,' meddai.

"Roeddwn i'n lwcus, o gymharu â'r rhan fwyaf oedd yno. 'Roedd gen i ryw fath o sicrwydd, os medrwn i, rywsut ne'i gilydd, gwblhau pob cwrs hyfforddi, bod 'ne waith yn fy aros i, ac 'roedd hynny'n help imi geisio gwneud fy ngore.'

Rhoddid pob anogaeth i'r deillion i fynd allan o'r ganolfan, yn enwedig ar Sadwrn a Sul, a manteisiodd Arthur ar bob cyfle. Ar ddydd Sadyrnau byddai'n ymuno â'r criw a fyddai'n mynd ar y cwrs cerdded ac yn mynd i'r cae pêl-droed pan fyddai tîm Torquay yn chwarae gartref. 'Roedd y clwb lleol wedi trefnu seddau arbennig ar gyfer y deillion o Manor House a chanolfan arall yr R.N.I.B., American Lodge. 'Roedd plwg o dan bob sedd a theclyn i'w roi yn y glust ar gyfer pob un fel y gallai glywed sylwebaeth arbennig ar y gêm heb golli dim o'r awyrgylch.

'Roedd yno Gymdeithas Gymraeg gref iawn yn Torquay ac wedi dod i adnabod rhai o'r aelodau cafodd Arthur wahoddiad i'w cartrefi a chael croeso mawr, ac ar y Sul byddai'n mynd i gapel Saesneg yn y dref.

Cafodd Arthur groeso mawr gan yr heddlu yn Torquay hefyd. Byddent yn anfon car i'w nôl i'r noson gymdeithasol a gynhelid bob wythnos yn eu canolfan yno.

"Roedden nhw i gyd ofn pan es i yno gynta,' meddai. 'Amryw yn snwffian ac o dan deimlad, yn meddwl, "y creadur bach!" mae'n siŵr, ac yn fy ngalw i'n Mr. Rowlands. Ond wedi imi ddweud wrth un o'r hogie am fy ngalw i'n Arthur dyma fo'n gofyn,

"Dywed i mi, Arthur, fyddi di'n siafio dy hunan?"

"O, byddaf," medde finne.

"O. A be s'gen ti. Trydan?"

"Nage," medde finne, "rasel hen ffasiwn. Ond mae gynnan ni ddrych Braille, w'sti, ym Manor House."

"Dewadd annwl! Drych Braille? Sut beth 'di hwnnw, dywed?"

"Wel, dywed ti bod fy marf i wedi tyfu tipyn bach, mae'r dotie ar y drych yn fwy."

Distawrwydd mawr am funud, ac yn sydyn dyna pawb yn sylweddoli mai tynnu ei goes o 'roeddwn i, a dyma'r Rhingyll Owen John Thomas Osborne yn rhoi ei law fawr am f'ysgwydd i a dweud,

"Ew, mi wnei di'n o'reit. 'Rwyt ti'n un ohonon ni o hyd. Dowch o'ne, oes 'na neb yn gwneud te?"

A dyne pawb yn dechre siarad. Ac Ossie, fel y bydden ni'n galw Osborne, oedd un o fy ffrindie pennaf i tra bues i yno.'

Cadwodd Trebor, ei frawd, y llythyrau a anfonodd Arthur o Torquay. Llythyrau wedi eu teipio'n ofalus ydyn nhw, ond ar waelod un mae Arthur, yn amlwg wedi cofio rhywbeth ar ôl cadw'r teipiadur, wedi ychwanegu pwt yn ei lawysgrifen ddestlus—

Cofiwch fi atynt yn Wern Busaig. Cânt lythyr cyn bo hir. Disgwyl fod y biro yma yn 'sgwennu.

Cofion cu.
Arthur

Tri mis oedd hyd y cwrs ym Manor House, ond bu'n rhaid i Arthur aros am gyfnod ychwanegol oherwydd iddo orfod colli tridiau i fynd i Lundain ar berwyl go arbennig.

Tridiau i'r Brenin

Nid geiriau ofer a lefarodd Y Barnwr Hinchcliffe ar ddiwedd yr achos ym Mrawdlys Caernarfon:

'Cymeradwyaf bob un o'r swyddogion hyn am eu dewrder a'u difaterwch am eu diogelwch eu hunain,' meddai, 'a gwnaf hynny i'r awdurdod pennaf.'

O fewn pum mis 'roedd Olive ar y ffôn i Torquay â rhyw gynnwrf anarferol yn ei llais wrth iddi geisio torri'r newydd a ddaethai mewn llythyr oddi wrth y Prifweinidog, Harold Macmillan, i Arthur, ei fod i dderbyn anrhydedd o law'r Frenhines am ei wrhydri.

'Wel, cwyd dy lais. 'Dydw i ddim yn dy glywed ti,' meddai Arthur, a hithau'n sibrwd ei fod o i dderbyn rhyw fedal, gan ychwanegu fod y cyfan yn gyfrinach tan drannoeth. A thrannoeth yn y *London Gazette* fe gyhoeddwyd i'r byd fod Arthur Rowlands a thri aelod arall o'r heddlu, yr Heddweision Robert Carswell, Thomas Owen Davies a Robert William Roberts i dderbyn y George Medal am eu dewrder. 'Roedd y Rhingyll G. S. Edwards a'r Heddwas J. F. I. Bennett i dderbyn y B.E.M. a Meirion Williams a Siegfried Steiler i dderbyn Tystysgrif Cymeradwyaeth y Frenhines.

'Roedd hi'n ddechrau Mawrth a'r hin yn garedicach pan gychwynnodd Olive eilwaith ar y siwrnai hir o'r Bala i

Torquay. 'Roedd ei cham hefyd gryn dipyn yn sioncach y tro hwn, nid yn unig am ei bod yn gwybod fod Arthur yn llawn hyder a bywyd yn aros amdani hi a'r plant, ond oherwydd fod ganddi, yn y cês, siwt newydd sbon a brynodd ar gyfer ymweliad â Phalas Buckingham.

Yn y cyfamser, ac yntau mor bell oddi wrth ei deulu, y munud y clywodd am yr anrhydedd teimlai Arthur fod yn rhaid iddo gael rhannu'r gyfrinach â rhywun, a phwy'n well i gydlawenhau ag ef na Phennaeth Manor House, Tom Drake? 'Roedd Tom wedi bod yn y Palas ei hun yn derbyn yr M.B.E. ac 'roedd wrth ei fodd pan glywodd y newydd. Rhaid oedd cael dweud wrth y gweddill o staff a disgyblion y ganolfan, ac yn nidwylledd syml y dathliad bach mor bell o gartref y noson honno cafodd Arthur ragflas o rywbeth y byddai'n ei brofi dro ar ôl tro ar ei ymweliad â Llundain, cymysgedd o gydymdeimlad ac edmygedd pobl gyffredin, rhyw agosatrwydd ffeind yn mynnu torri trwodd a chwalu pob tywyllwch.

Drannoeth 'roedd gwŷr y wasg yn heidio i Torquay a phawb eisiau gwybod beth oedd adwaith yr heddwas dall i'r anrhydedd. Eithr nid un i golli ei ben mewn awr o glod oedd Arthur, fel y gwelir o'r sgwrs a gafodd y gohebydd, John Humphries, gydag ef y diwrnod hwnnw.

'Wrth gwrs fy mod i'n falch fod plismon yn cael ei anrhydeddu fel hyn,' meddai Arthur, ond synhwyrai'r gohebydd fod ganddo lawn cymaint o feddwl o'r waled ledr, y fasged wellt a'r neclis y llwyddodd i'w gwneud yn ystod ei wythnosau cyntaf yng Nghanolfan y Deillion. Wrth gyfeirio at yr holl garedigrwydd a ddangoswyd tuag ato, y cannoedd llythyrau, y gronfa, ac yn awr Medal Siôr ychwanegodd Arthur,

''Rydw i wedi fy syfrdanu. 'Dydw i ddim yn meddwl fy mod i'n haeddu hyn i gyd. Wnes i ddim ond gwneud yr hyn y dylai pob plismon ei wneud dan yr amgylchiade. Mae'r holl ffys 'ma wedi 'nhaflu i oddi ar fy echel. Dywedwch wrth bawb fy mod i'n wirioneddol ddiolchgar.'

'Roedd yn fyw ac yn iach a'i ddymuniad pennaf oedd cael dychwelyd at ei gydweithwyr yn yr heddlu.

'Mi fydda i'n adnabod eu lleisiau nhw,' meddai. ''Does arna i ddim eisiau bod yn arwr. 'Rydw i'n ddiolchgar i bobl Cymru am eu cymorth. Pan fo'r angen am hynny mae pobl yn dod at ei gilydd, ac fel y dengys fy achos i, mae llawer o garedigrwydd ar ôl yn y byd.' Geiriau a fyddai'n atseinio drosodd a throsodd yn ei feddwl yn ystod ei ymweliad â Llundain.

Sylweddolai Tom Drake y byddai ar Arthur angen amser yng nghwmni ei deulu i baratoi ar gyfer achlysur mor bwysig, felly trefnwyd lle i Olive a'r plant gael aros dros y Sul wrth ymyl Gorsaf yr Heddlu a rhoed caniatâd iddo yntau anghofio am y Braille a'r hyfforddiant ac ymuno â'i deulu am 'wylie bach'.

'Roedd un gŵr arall â llaw amlwg iawn yn y trefniadau ar gyfer y daith i Lundain. Hubert Davies o Wrecsam oedd hwnnw, y gŵr y daethai Arthur yn bennaf ffrindiau ag ef pan oedd yn blismon yn Abergynolwyn. Arferai Hubert a Mair a'r plant fynd adref i fwrw'r Sul ar aelwyd Dôl-goch. Galwai Arthur heibio ar ôl gorffen ei waith a mynych y bu Hubert ac yntau'n sgwrsio tan oriau mân y bore am hynt a helynt y timau pêl-droed, ac Arthur wrth ei fodd yn cael darllen y newyddion diweddaraf ar dudalen chwaraeon y *Liverpool Evening Echo* y byddai ei ffrind wedi gofalu ei gario iddo o Wrecsam. Dim ond un peth a'i plesiai'n fwy, cael treulio pnawn Sadwrn efo Hubert yn gwylio gêm go dda ar Gae Ras. Ond daethai'r dyddiau difyr hynny i ben.

Cawsai'r newydd am saethu ei ffrind argraff ddofn ar Hubert, ac ef oedd un o'r rhai cyntaf i gynnig cynorthwyo'r heddlu i chwilio am y dihiryn. 'Doedd ar yr heddlu ddim angen ei help, a theimlai'n ddiymadferth iawn wrth feddwl am Arthur yn ymladd am ei einioes yn yr ysbyty. Ond daeth y newydd am y seremoni ym Mhalas Buckingham a gwelodd Hubert ei gyfle.

'Gad ti'r trefniade i gyd i mi,' meddai wrth Arthur ar y ffôn. 'Wyt ti eisie siwt ynte wyt ti'n mynd yn dy iwnifform?'

Barnodd Arthur mai siwt gyffredin a weddai orau gyda sbectol dywyll a ffon wen a chyn pen dim 'roedd Hubert wedi anfon dwy siwt i Manor House ac ar wahân i fod ychydig yn llac o gwmpas y wasg 'roedden nhw'n ffitio'n berffaith. Dewisodd Arthur yr un o frethyn llwyd golau. Caed Mrs. Tom Drake a Metron y Tŷ i osod ychydig o binnau ynddi, ei hanfon yn ôl i Wrecsam i'w haltro a'i chael yn ôl mewn pryd a'r crys a'r tei gweddus i fynd gyda hi.

'Roedd Hubert yn hen gyfarwydd â theithio i Lundain ac yn hynod falch o gael y cyfle i wneud y trefniadau i gyd ar gyfer ymweliad y teulu bach o Feirion â'r brifddinas. Aeth i aros i Westy Regent's Palace, Picadilly Circus, llogi tair ystafell, un iddo'i hun, un i Arthur ac Olive ac un i'r plant, ac ar brynhawn Llun, 3 Mawrth, 'roedd yng ngorsaf Paddington yn gofyn i yrrwr y tacsi a fuasai gystal ag aros gan fod ganddo deulu go bwysig i'w gludo i'r gwesty. Ar y platfform, er mawr syndod iddo, gwelodd amryw o geir crand a dwsinau o wŷr y wasg yn gwau trwy'i gilydd. Aelodau o'r teulu brenhinol yn dychwelyd o rywle, meddyliodd. Daeth y trên i'r golwg, ac wrth geisio ymwthio trwy'r holl bobl i chwilio am ei gyfeillion sylweddolodd Hubert fod gwŷr y wasg yn heidio i'r un man ag yntau ac mai Arthur Rowlands a'i deulu oedd y magned y diwrnod hwnnw.

'Mae gynna i dacsi'n aros,' meddai wrth Arthur pan lwyddodd i gael ei sylw.

'Na,' meddai Arthur, 'mae 'na gar yma inni.'

Ymddiheurodd Hubert i yrrwr y tacsi ac wedi iddynt i gyd eistedd yn y cerbyd mawr, moethus cafodd hanes y daith o Torquay.

Daethai hi'n amlwg o'r funud y cychwynnodd Arthur a'i deulu ar eu siwrnai fod pobl eraill, ar wahân i Hubert, yn benderfynol o wneud y tri diwrnod nesaf yn eu hanes yn dridiau i'r brenin. Yn Torquay 'doedd waeth heb â sôn am dacsi i fynd i'r orsaf, 'roedd Ossie'n barod yng nghar yr heddlu. Ac er ei bod hi'n gynnar yn y bore 'roedd carped coch wedi ei osod hyd at ymyl y platfform a gorsaf-feistr Torquay yn mynnu cael tynnu ei lun gydag Arthur cyn iddo gychwyn ar y trên.

'Pryd 'rwyt ti'n dod 'nôl?' gwaeddodd Ossie.

'Nos Fercher.'

'Reit. Mi fydda i yma.'

Pan oedd y trên rywle yng nghyffiniau Exeter daeth gŵr dieithr atynt. Eglurodd mai Mike Charlton oedd ei enw, ei fod yn ohebydd ar ran y *Daily Express*, a gwahoddodd y pedwar i gael cinio gydag ef. Fel merch fferm ddarbodus dewisodd Olive aros lle 'roedd a bwyta'r brechdanau efo'r plant, ond cytunwyd fod Arthur yn manteisio ar y cynnig ac yn rhoi peth o'i hanes iddo'n dâl am ei ginio. Y gohebydd hwn a oedd hefyd wedi llogi'r car a gariai'r teulu yng nghwmni Hubert o orsaf Paddington i gyfeiriad Palas Buckingham. 'Roedd Mike Charlton yn gwybod yn union beth oedd arno ei eisiau i gyd-fynd â'i stori, ac fe'i cafodd — llun anferth o Arthur a Gareth law yn llaw o flaen y palas o dan y pennawd, *The brave new world of Rowlands, G.M.,* a chyhoeddi'r llun hwnnw yn yr *Express* fore trannoeth a fu'n bennaf cyfrifol am y croeso anhygoel a gafodd y teulu gan bobl Llundain.

'Roedd Hubert wedi ceisio trefnu iddynt i gyd gael mynd i Theatr Shepherd's Bush lle 'roedd Eamonn Andrews yn cyflwyno *This is Your Life* yn fyw ar gyfer y B.B.C. y noson honno, ond 'roedd rheol na châi neb o dan ddeg oed fynd i mewn. Penderfynodd Olive aros yn gwesty a gwylio'r sioe ar y teledu efo Gareth, ac i ffwrdd â'r tri arall am y trên tanddaear.

'Wyt ti'n awyddus i drafaelio ar hwn?' gofynnodd Hubert mewn tipyn o benbleth wrth gyrraedd y grisiau symudol.

'Mi fentra i rywbeth,' meddai Arthur gan gamu arno a Charol yn gafael fel gelen ym mraich ei thad rhag ofn iddo syrthio.

'Doedd y theatr ddim wedi agor, ond fel 'roedd y tri'n

sefyll yn y ciw daeth dyn go bwysig yr olwg atynt a dweud yn Saesneg,

''Dydych chi ddim yn mynd i sefyll yn fan 'ma. Dewch efo fi.'

Wedi dilyn y dyn i mewn i'r cyntedd cawsant ar ddeall mai ef oedd rheolwr y theatr, a rhoes calon Arthur dro. Arswyd y byd! meddyliodd, beth petae nhw wedi trefnu i wneud rhaglen amdana i?

'Hanner munud —'

'Na, na, na,' sicrhaodd y rheolwr ef, 'ond mi hoffwn i ichi gael cyfarfod gwrthrych ein rhaglen ni heno. Ei enw yw David Butler. Ond ble mae Mrs. Rowlands a'r bachgen bach?'

Pan gafodd yr eglurhad mynnodd fod Hubert yn ffonio Olive ar unwaith i'w gwahodd hithau a Gareth i'r Ganolfan Deledu yn Woodlane yn union ar ôl y telediad i gael tamaid o fwyd yng nghwmni Eamonn Andrews a holl westeion y rhaglen.

Cyn i'r telediad gychwyn daeth arweinydd ar y llwyfan a chyhoeddi i'r gynulleidfa fod gŵr arbennig iawn yn eistedd yn eu plith, sef yr Heddwas Arthur Rowlands a oedd yn mynd i Balas Buckingham yn y bore i dderbyn Medal Siôr. Trowyd y sbot i gyfeiriad ei sedd.

'Cwyd ar dy draed,' sibrydodd Hubert, a chododd Arthur i gydnabod y derbyniad gwresog.

Ar ddiwedd y rhaglen cawsant fynd i gefn y llwyfan a chyfarfod Eamonn Andrews a David Butler, ei westai'r noson honno. Bachgen dwy ar bymtheg oed oedd David. Un dydd pan oedd yn un ar ddeg oed ac yn chwarae mewn hen adfeilion 'roedd bom a adawyd ar ôl y rhyfel wedi ffrwydro a'i anafu'n ddifrifol. Collodd ei ddwy goes a braich. Ond fu David fawr o dro cyn medru cerdded, nofio, dawnsio a gyrru car, ac yn ystod y rhaglen 'roedd wedi derbyn tystysgrif o law Douglas Bader (y peilot a gollodd ei goesau) am achub bywyd ci oedd wedi syrthio trwy rew. 'Roedd David wedi crafangio ar hyd ysgol i gyrraedd y ci, a chofia Arthur hyd heddiw am sylw didaro'r gwron ifanc, 'Wel, 'doedd y dŵr rhewllyd yn effeithio dim ar fy nghoesau i.'

Ymunodd Olive a Gareth â hwy yn y Ganolfan Deledu a chawsant hwythau gyfle i gyfarfod gwesteion *This is Your Life* y noson honno, pobl fel Freddie Mills, y bocsiwr, Ted Dexter, y cricedwr, a Bobby Smith a fu'n flaenwr i Tottenham Hotspur a Lloegr. 'Roedd Eamonn Andrews wedi gwirioni'n lân efo'r plant a bu Carol yn gyndyn iawn o ymolchi am ddyddiau ar ôl cael sws ar ei boch ganddo!

O'r diwedd gwawriodd y diwrnod mawr, ac o'r funud y camodd Arthur allan o'r gwesty y bore hwnnw, 6 Mawrth, 1962, 'roedd hi'n amlwg fod y brifddinas, oedd yn hen gyfarwydd â gweld y mawrion yn mynd a dod, yn agor ei chalon i'r heddwas o Feirion. Prin y medrai'r teulu symud heb fod rhywun yn ei adnabod oddi wrth y llun yn y *Daily Express* ac yn dod ato i'w longyfarch. Ond 'doedd dim amser i ymdroi ar y stryd y bore hwnnw. 'Roedd Hubert wrth law i helpu Arthur wisgo ei siwt newydd a gofalu nad oedd blewyn arni. Cyn pen dim 'roedd yn un o'r dyrfa'n gwylio'r pedwar yn diflannu trwy'r giatiau mawr ac i mewn i'r palas.

Cyn gynted â'u bod i mewn gwahanwyd Arthur oddi wrth ei deulu ac arweiniwyd ef i'r Oriel Ddarluniau i ymuno â'r gweddill o'r rhai a oedd i dderbyn anrhydedd y bore hwnnw. Yn eu plith yr oedd y tri arall a gymeradwywyd ym Mrawdlys Caernarfon, Bob Carswell o Lerpwl, Thomas Davies o Heddlu Canolbarth Cymru a Bob Roberts o Swydd Amwythig, y tri yn eu lifrai. Eglurwyd trefn y seremoni iddynt a rhoed bachyn bach i dderbyn y medalau ar laped côt pob un.

A bysedd y cloc yn nesu at un ar ddeg, draw yn y Neuadd Ddawns Aur a Choch 'roedd Olive mewn tipyn o strach. 'Roedd y dant rhydd y buasai Gareth yn chwarae ag ef drwy'r bore wedi ildio o'r diwedd a dyna ble'r oedd y bychan, ar drothwy'r awr fawr, yn dal y dant ar gledr ei law a'i geg yn gwaedu. Ond daeth gwaredigaeth. Galwodd rhyw was meddylgar ar i'r plant oedd eisiau mynd i'r toiled ei

117

ddilyn ar unwaith a chafodd Gareth gyfle i olchi ei geg cyn i Olive, Carol ac yntau ymuno â'r gynulleidfa yn y Neuadd Fawr.

Pan ddaeth tro'r pedwar heddwas i gael eu hanrhydeddu 'roedd pob llygad ar y drws yn ochr y neuadd. Â'r gerddorfa'n canu'n ysgafn ymddangosodd Bob Carswell yn gyntaf, yna Tom Davies ac yn olaf Bob Roberts ac Arthur gyda'i gilydd, Arthur â'i ffon wen yn ei law chwith a'i law dde ym mraich Bob, sefyll gyferbyn â'r llwyfan, moesymgrymu fel un, pum cam ymlaen ac aros yn union o flaen y Frenhines. Cafodd y Frenhines Elizabeth air â phob un yn ei dro cyn cyflwyno'r medalau, a'r hyn a wnaeth yr argraff fwyaf ar Arthur oedd y modd 'roedd hi wedi dal ei gafael yn ei law drwy gydol ei sgwrs ag ef. Fe'i holodd am ei iechyd, sut hwyl 'roedd o'n ei gael ar y Braille a sôn am harddwch Meirionnydd. Dywedodd wrtho ei fod wedi bod yn ddewr iawn a dymuno'n dda iddo yn y dyfodol.

"Rydw i'n credu eich bod chi i gyd wedi bod yn ddewr dros ben,' meddai, 'ac 'rydw i'n falch iawn o'ch cyfarfod chi'ch pedwar.'

Wedi i'r frenhines ddychwelyd ar y llwyfan bach 'roedd y pedwar yn cerdded bumllath wysg eu cefnau, moesymgrymu eto a gadael y neuadd i gymeradwyaeth wresog y gynulleidfa.

'Roedd y seremoni syml drosodd, ond nid felly groeso pobl Llundain. Dychwelodd y teulu o'r palas, Arthur â'i fedal erbyn hyn yn ei boced a Gareth â'i ddant yn ei boced yntau, i ganol tyrfa fawr o wŷr y cyfryngau. Wedi ychwaneg o holi a stilio a chliciau camerâu llwyddodd Hubert o'r diwedd i'w cael i'r tacsi a oedd yn aros i'w cludo i'w gwesty i gael cinio, y cyfan trwy garedigrwydd Mike Charlton a'r *Daily Express*.

Yn ystod y pnawn cawsant gyfle i fynd i weld yr awyrennau yn Heathrow, ac ar ôl te, ar wahoddiad John du Rose, aeth y dynion i Scotland Yard i gyfarfod rhai o brif swyddogion yr heddlu. Gyda'r nos 'roedd Hubert wedi trefnu iddynt fynd i weld *Oliver* yn Theatr Tywysog Cymru, ac ar y ffordd yno dyma aros i brynu papur newydd ar ochr y stryd.

118

15. Derbyniodd yr Heddweision
Robert Carswell,
Thomas Owen Davies,
Arthur Rees Rowlands a
Robert Roberts y 'George Medal'
am eu dewrder.

16. 'Gad ti'r trefniade i gyd i mi.'
Hubert Davies o Wrecsam.

17. Cyflwynwyd Tystysgrif Cymeradwyaeth y Frenhines i Meirion Williams (chwith) a Siegfried Steiler.

18. Meistroli'r iaith newydd gartref yn y Bala.

19. 'Ym Mehefin 1963 y
cyfarfu Arthur â'i gymar
newydd, Ooloo.'

20. Arthur ac Ooloo ar eu
ffordd i Bencadlys yr
Heddlu yng Nghaernarfon.

21. 'Fydde Ooloo mor falch â minne o gael paned . . .'

'P.C. Rowlands, yntê?' meddai'r gwerthwr papurau.

'Cymerwch hwn gen i,' a gwthio'r papur i'w law.

A'r un modd gyda gyrrwr y tacsi,

'Welais i'ch llun chi yn y papur,' meddai hwnnw. ''Rydw i'n falch o'ch cyfarfod chi,' a gwrthod cymryd tâl.

Ar ôl y sioe, a phawb wedi blino'n llwyr, aethant i Lyons Corner House am damaid o fwyd. Ac hyd yn oed yn y lle prysur hwnnw, gyda'u bod wedi eistedd daeth y rheolwr atynt a dweud yr hoffai ef a'i staff dalu am eu swper.

Bore Mercher, eto trwy garedigrwydd Scotland Yard, trefnwyd i'r pedwar plismon a'u teuluoedd fynd am drip ar yr afon, ond tra 'roedd Olive a'r plant yn mwynhau'r golygfeydd oddi ar y tonnau 'roedd Arthur â'i fryd ar y tonfeddi. 'Roedd B.B.C. Cymru wedi trefnu i'w recordio ar gyfer y rhaglen *Heddiw*, felly i'r stiwdio yr aeth ef yng nghwmni Hubert i gael ei holi gan Alun Williams. Yn ymddangos ar yr un rhaglen 'roedd Cledwyn Hughes, Aelod Seneddol Môn.

'Rhaid ichi ddod i Dŷ'r Cyffredin cyn mynd adre,' meddai. 'Mi ddweda i wrth T. W. Jones eich bod chi'n dod.'

Addawodd Arthur wneud ei orau, ond gan fod y trên yn cychwyn am 3.30 y pnawn hwnnw gwyddai y byddai hi'n ras. Ond fe lwyddwyd i gael cip sydyn ar Dŷ'r Cyffredin a Thŷ'r Arglwyddi a chael tynnu llun gydag Aelod Meirion cyn dal tacsi i orsaf Paddington.

Fel y tystia Hubert, ''Roedd hanes a lluniau'r teulu Rowlands wedi mynd dros Brydain i bobman ac 'roedd y brifddinas wedi talu teyrnged deilwng iawn i Arthur. 'Roedd pawb eisiau siarad efo fo, pawb eisiau ysgwyd llaw a dweud 'llongyfarchiade' ac 'roedd y teulu'n troi'n ôl am Torquay wedi creu rhywbeth rhyfedd iawn yn Llunden. Wna i byth anghofio croeso'r tridie hwnnw.'

A theulu blinedig, ond hapus iawn a ffarweliodd â Hubert ar yr orsaf, Hubert a oedd wedi dweud fod ganddo fusnes i'w wneud yn Llundain, ond na chafodd funud iddo'i hun. Ac fel 'roedd Arthur ac Olive wedi sylweddoli'n fuan iawn, ei unig fusnes yno'r tro hwn oedd bod o gymorth diarbed i'w gyfeillion.

Ond 'doedd y tridiau ddim ar ben eto ac 'roedd chwaneg o gyffro'n eu haros cyn y cyrhaeddent ben eu taith.

Fel y nesâi'r trên at Wlad yr Haf dechreuodd fwrw eira a chodi'n storm. Cyrraedd Exeter a phawb yn hepian cysgu. Daeth llais ar y 'Tannoy' — pawb i fynd allan o'r trên. Pawb yn methu â deall beth oedd yn digwydd a Charol druan yn dechrau crio.

'Mi ddo' i â'r bagie,' meddai Olive. 'Edrychwch chi ar ôl Dad.'

Ac allan â nhw ar y platfform lle 'roedd y teithwyr i gyd yn tyrru fel gyr o ddefaid allan o'u corlan. Eglurwyd fod y môr wedi lluchio dros y tir wrth ymyl Dawlish, wedi golchi o dan y cledrau a llacio'r sylfaen, ac y byddai bws yn dod i gludo pawb y gweddill o'r ffordd i Torquay. Ond pan ddaeth Sais atynt a dweud ei fod am gymryd tacsi a holi a fuasen nhw'n hoffi ei rannu cytunodd y teulu bach lluddedig ar unwaith ac i ffwrdd â nhw. Cyn cyrraedd pen y daith 'roedd y dyn wedi darganfod pwy oedd ei gyd-deithwyr.

''Dydych chi ddim i dalu. 'Rydw i'n ei theimlo hi'n fraint cael rhannu tacsi â chi,' meddai. 'Fi sy'n talu am hwn.'

Yn y cyfamser 'roedd yr heddlu, ar ôl clywed am drafferthion y trên, wedi bod yn fawr eu ffwdan yn ôl a blaen yn y llety yn Torquay yn holi oedden nhw wedi cyrraedd, a gyda'u bod nhw drwy'r drws 'roedd Ossie wrth eu cwtyn.

'Wel, diolch i Dduw eich bod chi wedi cyrraedd,' meddai.

'Roedd wedi bod yr holl ffordd i Exeter ac wedi eu colli yno o drwch y blewyn.

Drannoeth 'doedd dim trên yn rhedeg o Torquay ac Olive a'r plant eisiau cychwyn yn ôl am Y Bala, ond 'roedd Ossie wrth law eto ac aeth Arthur gydag ef i'w danfon i Exeter. 'Roedd ei deimladau'n ddwys wrth ffarwelio â'i deulu bach unwaith yn rhagor.

'Pan fo rhywun wedi colli ei olwg yn gorfod bod ar wahân

i'w deulu, dyna pryd mae'n teimlo unigrwydd ar ei waethaf,' meddai.

Ond, â'r cof am y tridiau bythgofiadwy, am garedigrwydd ac edmygedd gwreng a bonedd, ac yn arbennig am ddewrder y bachgen ifanc, David Butler, yn cynhesu ei galon sythodd Arthur ei ysgwyddau a dychwelodd i Manor House yn fwy penderfynol nag erioed o wneud ei fywyd yn rhywbeth amgenach na thestun tosturi.

Pembridge Place a Leamington Spa

Tra 'roedd Arthur yn yr 'ysgol' yn Torquay 'roedd Olive yn ymbaratoi ar gyfer ei bywyd newydd trwy ddysgu gyrru car. 'Doedd hi erioed wedi ysu am gael bod y tu ôl i'r olwyn, ond pan welodd nad oedd fawr o ddewis ganddi, ymrodd ati a llwyddo.

Wedi iddo ddychwelyd i'r Bala fe ganfu Arthur nad oedd pethau mor hawdd iddo ag 'roedd wedi dychmygu y bydden nhw. Er ei fod yn adnabod pob twll a chornel a'r rhan fwyaf o'r bobl yn y dref, 'roedd o'n teimlo'n unig yno.

> 'Fues i 'rioed yn teimlo mor ddiarth yn unlle ag yn y Bala am gyfnod ar ôl imi ddod adre.'

Ac erbyn hyn mae'n deall mai diffyg dealltwriaeth o'i anabledd ar ran y cyhoedd oedd y rheswm am hyn. Fe glywodd, fwy nag unwaith, bobl yn dweud wrth iddo fynd heibio yn llaw Carol neu Gareth,

'Dew, 'r hen Arthur druan. Biti ei weld o,'
yn union fel petaen nhw'n credu ei fod o'n fyddar yn ogystal â bod yn ddall. Sylweddola hefyd, erbyn hyn, fod ofn a swildod yn cadw pobl rhag mynd ato a'i gyfarch.

Ond o dipyn i beth fe wellaodd pethau. Byddai'r plant yn mynd â fo am dro drwy'r dre, galw yn nhŷ Anti Win, ei chwaer, ac ymlaen at y llyn. Cofia fel y byddai Gareth, er nad oedd ond chwech a hanner oed, yn ei dywys â rhyw hyder rhyfedd, fel petai wedi cymryd yr holl gyfrifoldeb o edrych ar ei ôl ar ei ysgwyddau bach.

'Cadwch tu ôl i mi rŵan, Dad,' meddai. 'Ma 'ne bobol yn sefyll ar y palmant a 'den nhw ddim yn symud.'

Un tro, a Gareth ac yntau'n cerdded i gyfeiriad y llyn, aeth car heibio.

'Ew, Dad, 'odd hwnne'n un gwirion.'

'Pam?'

'Plisman odd o, ac odd o'n codi ei law arnach chi. Fase well 'tase fo 'di canu corn, base!'

O dro i dro byddai pobl yn rhyfeddu at y modd yr oedd Arthur yn medru adnabod llais, heb sylweddoli ei fod, erbyn hynny, wedi dechrau ei addasu ei hun, yn gwybod ei fod o y tu allan i siop hwn a hwn ac yn cysylltu'r siop â'r person ynddi cyn iddo yngan gair, fel rhyw jig-so meddyliol.

Dechreuodd fynychu'r Ysgol Sul yng Nghapel Tegid a theimlo'n gartrefol iawn yno gan ei fod yn medru ymuno yn y drafodaeth heb deimlo ei fod dan unrhyw anfantais.

'Roedd Arthur yn prysur brofi iddo'i hun yn ogystal ag i bawb o'i gwmpas fod ganddo gyfraniad i'w roddi ac nad oedd yr hyn y gallai ei wneud yn gyfyngedig o gwbl i'r hyn a ddysgwyd iddo gan yr arbenigwyr yn Torquay. Er enghraifft, ar ddiwrnod cneifio ym Mrynmeredydd, cartref ei frawd, Trebor, cyn bod neb o'r criw wedi cael llawer o gyfle i sylweddoli tristwch mawr y sefyllfa lle 'roedd un yn eu plith yn gorfod creu ei ddarlun dychmygol ei hun o'r olygfa, 'roedd o wedi torchi ei lewys ac ymroi ati i lapio gwlân.

Erbyn hyn 'roedd cynlluniau ar y gweill iddo gael ei hyfforddi i fod yn deleffonydd ac 'roedd gweithiwr cymdeithasol yn dod ato i'r Bala i roddi gwersi ychwanegol iddo mewn Braille, fel y gallai ei gymhwyso ei hun ar gyfer cael ei dderbyn i'r coleg yn Pembridge Place, Llundain. Yn anffodus, y Braille oedd man gwan Arthur o'r cychwyn cyntaf yn Torquay, a phan aeth ar gyfweliad i'r coleg ym mis Gorffennaf 1962 bu bron i'w arafwch yn y prawf darllen Braille olygu ei fod yn cael ei wrthod. Pan ddywedwyd hynny

123

wrtho ar ddiwedd y cyfweliad, gan sylweddoli nad oedd ganddo ddim o gwbl i'w golli, fe ddwedodd Arthur wrthyn nhw beth oedd o'n ei feddwl o'u rheolau, a hynny heb flewyn ar ei dafod.

"Taswn i'n gwybod fod yn rhaid imi ddarllen Braille mewn hyn a hyn o amser cyn cawn i fy nerbyn f'aswn i ddim wedi trafferthu dod yma,' meddai. 'Faswn i wedi medru deud hynny wrthoch chi heb symud cam oddi cartre. 'Rydw i'n gwastraffu'ch amser chi ac 'rydach chithe'n gwastraffu f'amser inne. 'Roeddwn i'n meddwl, gan mai chi oedd y bobl broffesiynol, y byddech chi'n barod i'm helpu. Ond hidiwch befo, mae gen i ddigon o ffrindie, ac fe wnan' nhw fy nysgu i. Mae gen i swydd. Mi â i Gaernarfon. Mae'r Prif Gwnstabl wedi dweud wrtha i bod honno imi.'

Yn ffodus, 'roedd un neu ddau o'r penaethiaid oedd yn gwrando arno yn ddall eu hunain, ac fe ddwedodd un ei fod o'n cydymdeimlo'n llwyr â'i safbwynt ac yn cytuno fod yr amodau'n rhy llym ac y gellid, trwy ad-drefnu ychydig ar y cwrs, gynnig lle i rai fel Arthur. Fe ddiolchodd y Prifathro John Dawlings iddo am siarad fel y gwnaeth.

"Rydw i'n siwr,' meddai, 'y bydd hyn yn agor y drws i lawer un sy wedi methu o'r blaen.'
Ac mae meddwl ei fod o wedi medru helpu rhywun arall wedi bod yn galondid mawr i Arthur.

Ychydig dros flwyddyn ar ôl iddo gael ei saethu gofynnwyd iddo ledio emyn yn y Cyfarfod Diolchgarwch yng Nghapel Tegid. Yr emyn a ddewisodd oedd 'Rhagluniaeth fawr y nef,' David Charles, a go brin yr anghofia'r sawl a oedd yno amdano'n sefyll yn ei sedd ac adrodd y geiriau—

> Ei thwllwch dudew sydd
> Yn olau gwir;
> Ei dryswch mwyaf, mae
> Yn drefen glir . . .

Aeth Arthur i Pembridge Place ar 6 Tachwedd, 1962 ac un o'i brif ddyletswyddau yno oedd ymgyfarwyddo â dryswch y switsfwrdd 'Roedd yr awdurdodau wedi gwneud copi perffaith o'r un y bwriedid iddo weithio arno yng Nghanolfan yr Heddlu yng Nghaernarfon a'i osod mewn ystafell arbennig ar ei gyfer. Mae ei ffrind, Hubert, yn cofio mynd i edrych amdano yn fuan wedi iddo gyrraedd y coleg a chael gwahoddiad i'r ystafell i weld y bwrdd.

'A ffwrdd â ni,' meddai Hubert. 'Ei ganlyn o i lawr y grisie ac ar hyd rhyw goridor hir, ac yn sydyn reit dyma fo'n troi i mewn i'r 'stafell 'ma.
"Tyrd i mewn," medde fo.
Ac mi es. Ac wrth gwrs, 'roeddwn i'n disgwyl iddo fo roi'r golau ymlaen, ond cau'r drws wnaeth o. A dyna lle 'roeddwn i'n sefyll yn hollol ar goll. 'Roedd y lle'n dywyll fel y fagddu a finne'n teimlo ar hyd y wal i chwilio am swits. 'Roedd Arthur erbyn hyn wedi gosod ei hun tu ôl i'r *switchboard* ac yn dechre dweud sut 'roedd o'n gweithio.
"Wel, Arthur bach," medde fi, "'dw i yn y t'wllwch yn fa'ma."
"O, aros funud. Mi wnawn ni setlo hynna rŵan," medde fo a rhoi'r golau ymlaen ar ei union. Y dall yn arwain y dall mewn gwirionedd, yndê.'

Cafodd Olive a'r plant dreulio gwyliau hanner tymor y gwanwyn yn Llundain, ac er bod Arthur yn gaeth i'w wersi yn ystod y dydd 'roedd John du Rose a'i gyfeillion o Scotland Yard yn gofalu am gar i fynd â'r teulu o le i le, a chawsant weld cryn dipyn ar y ddinas. Un o uchafbwyntiau'r dyddiau hynny oedd trip ar yr afon yng nghwch yr heddlu, ac Arthur yn cael cymryd y llyw a gyrru am filltiroedd i lawr yr afon, heb ddim ond gair yn awr ac yn y man, 'Llaw chwith i lawr' neu 'Dde i lawr' i'w gyfarwyddo.

Un tro 'roedd Hubert wedi ffonio Arthur i ddweud ei fod o'n dod i Lundain i aros yn y Regent's Palace. Trefnodd i alw amdano un noson i fynd allan am ginio. Pan gyrhaeddodd

Hubert ei westy ar y noson benodedig, er mawr syndod iddo, pwy oedd yn eistedd yno'n aros amdano ond Arthur.

'Pwy ddoth â ti yma?' gofynnodd.

'O, 'dw i wedi dod fy hun.'

'Be? Yr holl ffordd?'

'Ie, wnes i gerdded.'

'Wel, mae hi'n eira ofnadwy allan 'na,' meddai Hubert.

'Ydi, ond mae nhw wedi clirio'r eira'n o dda. Mae 'ne sypie go arw,' meddai Arthur, 'ond ro'wn i'n medru teimlo rheini'n iawn efo'r ffon, a phan gyrhaeddes i orsaf Notting Hill Gate mi ddaru rhywun reit garedig f'arwain i i lawr y grisie i gael tocyn, a 'run fath yn Picadilly Circus. A dyma fi. Che's i ddim anhawster o gwbl, ac 'rydw i'n teimlo'n galonnog iawn wedi ei wneud o.'

'Doedd Hubert ddim yn siŵr beth i'w wneud, p'run ai ei longyfarch ynte dweud y drefn wrtho am fentro mor bell ar ei ben ei hun, ond 'roedd o wrth ei fodd yn gweld fod ganddo gymaint o blwc ac ymddiriedaeth mewn pobl.

Tra 'roedd Arthur yn Llundain bu Olive, yng nghwmni Hubert a Mair, yng ngolwg tŷ yng Nghaernarfon, a rhoddodd Hubert ddisgrifiad mor fanwl ohono i Arthur ar y ffôn nes ei fod, pan ddaeth yno ei hun yn ddiweddarach, yn teimlo ei fod wedi bod yno o'r blaen.

'Trwy lygad ffrind mae'r dall yn gweld,' meddai.

Cytunwyd i brynu'r tŷ, ond cyn y gallai'r teulu symud yno, a chyn y gallai gychwyn ar ei fywyd newydd, annibynnol 'roedd un cam arall yr oedd yn rhaid i Arthur ei gymryd. 'Roedd wedi cael addewid am gi tywys, ac o fewn cwta bythefnos ar ôl cyrraedd adre o Lundain 'roedd yn cychwyn ar y daith i Leamington Spa lle 'roedd canolfan hyfforddi'r cŵn tywys ar gyfer y deillion. Yno, ym Mehefin 1963, y cyfarfu â'i gymar newydd, Ooloo.

Gast ddyflwydd a deng mis oedd Ooloo, o frid Alaskan Malamute, math o gi Esgimo, yn anferth o faint ac yn pwyso tua chan pwys. Hi oedd y gyntaf o'i bath i'r ganolfan geisio ei hyfforddi a chan ei fod yn gwybod am 'styfnigrwydd cynhenid y brid 'roedd pennaeth y ganolfan wedi mentro rhoi bet na fuasai'r hyfforddwr, Michael Tucker, byth yn llwyddo gyda hi. Ond fe lwyddodd yn ardderchog.

'Roedd hi'n fis Mehefin braf ac 'roedd Arthur ac Ooloo'n medru mynd allan bob bore, pnawn a min nos i weithio'n galed, ac er fod y cwrs fel rheol yn cymryd mis o amser, o fewn deunaw niwrnod 'roedd Arthur a hithau'n deall ei gilydd i'r dim. Ar ddiwedd y cwrs 'roedd y pennaeth yn rhoi prawf ar y ddau. Rhoddid map cyffyrddol i Arthur i'w astudio cyn cychwyn ac wedyn disgwylid iddo fo ac Ooloo ddilyn cwrs arbennig trwy'r dre, croesi strydoedd, defnyddio croesfannau, rhai gyda goleuadau a rhai hebddynt, mynd i mewn i siop ac allan trwy'r cefn i stryd arall, croesi'r parc at y llyn, aros yn union ar ei lan cyn troi'n ôl a dychwelyd i'r ganolfan, taith a gymerai awr a hanner i'w chwblhau a hynny heb siarad gair â neb. 'Roedd y pennaeth wedi gwylio'r ddau'n mynd bob cam o'r daith a'r cwbl oedd ganddo i'w ddweud ar y diwedd oedd,

'Nefoedd fawr, Mr. Rowlands, 'rydych chi'n 'nabod Leamington yn dda.'

'Wel, rhowch rywfaint o'r clod i Ooloo,' oedd ateb Arthur.

Ar ddiwrnod y prawf, 28 Mehefin, 1963, 'roedd Olive a'r plant yn symud i'r tŷ yng Nghaernarfon, a thrannoeth cyrhaeddodd Arthur, Ooloo a'r hyfforddwr, Mike Tucker. 'Roedd yr hyfforddwr wedi penderfynu nad oedd adnabod Leamington Spa o fawr werth i ddyn dall fyddai eisiau mynd o le i le yng Nghaernarfon. Y mae honno'n digwydd bod yn un o'r trefi mwyaf anghyfleus i'r deillion, gyda'i strydoedd culion a'i phalmentydd cyfyng, anwastad. 'Roedd hi hefyd yn dref gymharol ddieithr i Arthur, ond trwy gyd-ddigwyddiad ffodus, yn ystod Eisteddfod Genedlaenol '59 'roedd wedi treulio'r wythnos yn rheoli trafnidiaeth ar y gyffordd rhwng yr hen Gipsy Hill a Ffordd Bethel, heb fod ymhell o Bencadlys yr Heddlu ac yn weddol agos at y cartref newydd, Arenig, Ffordd Bethel.

Er mwyn medru cynghori Arthur pa ffordd y dylai ei chymryd o'r tŷ i'w waith yn y pencadlys aeth Mike Tucker gydag Arthur y noson honno i lawr Ffordd Bethel i gyfeiriad y dref ac 'roedd Arthur, wrth gwrs, yn medru dweud wrth Mike am droi i gyfeiriad y mast radio oedd i'w weld ar adeilad yr heddlu. Cafodd y ddau y fath groeso gan hen ffrindiau Arthur yn y pencadlys fel yr aeth hi'n hwyr arnynt yn cychwyn yn ôl. Holodd Arthur ei ffrind, Yr Heddwas Bobi Jones, tybed a oedd yna ffordd arall iddyn nhw fynd adref, heb fynd ar hyd y briffordd.

'Cer di'n syth yn dy flaen i fyny trwy'r stad ac mi ddoi di allan yn y pen ucha,' meddai Bob.

'Wel, 'roedd gen i ryw syniad,' meddai Arthur, 'achos 'roeddwn i'n cysgu yn Ysgol Maesincla adeg y 'Steddfod. Ond cyn inni fynd hanner canllath dyma Michael yn deud fod gole'r stryd wedi diffodd. 'Roedden nhw'n diffodd am un ar ddeg 'radeg hynny.

''Does gynna i ddim syniad rŵan,'' medde fo. ''Fedra i helpu dim arnat ti, dim ond dibynnu ar y ci.''

Yr hen Ooloo'n dal i fynd â ni, allan yn nhop y stad, croesi Ffordd Bethel a dod â ni i mewn at giât y tŷ, a hithe ddim ond wedi cyrraedd yno'r diwrnod hwnnw, ac wedi mynd i lawr ar hyd ffordd arall.

''Mae gen ti gi ddaw a thi adre o rywle,'' medde Michael.'

Drannoeth aeth y ddau gydag Ooloo o gwmpas y dre a Michael yn gwaredu wrth weld mor anodd oedd hi i rywun â chi tywys. Fel y profodd Arthur lawer gwaith yn ddiweddarach 'roedd y palmentydd oedd yn culhau'n sydyn yn beryglus iawn.

'Mae'r ci wedi cael ei ddysgu i gadw ar y palmant bob amser ac i beidio â mynd oddi arno fo. I osgoi pobl neu rwystr yn unig yr aiff o ar y stryd. Pan fydde Ooloo a minne'n gorfod mynd i'r stryd i osgoi pobl, a honno mor gul a'r ceir yn dwad mor aml, a hithe'n methu ffeindio ffordd yn ôl ar y palmant, 'roedd hi'n beryglus iawn.

Os bydd twll yn y palmant mae'r ci wedi cael ei ddysgu i'w osgoi o a mynd yn ôl ar y palmant yn syth wedyn. Mae nhw wedi cael eu dysgu i osgoi popeth, hyd yn oed y cysgod haul wrth ben ffenestri siope. Os bydd o'n isel mae'r ci'n arafu i roi cyfle ichi wyro'ch pen. D'wedwch chi bod 'ne ysgol yn pwyso ar wal tŷ a bod y ci'r ochr agosaf i'r wal, mi fydde'n fy arwain i allan o amgylch yr ysgol, ond d'wedwch chi ein bod ni'n dwad o'r cyfeiriad arall, a minne'r agosaf i'r wal, mi fydde'r ci'n mynd o dan yr ysgol, yn gwybod fod digon o le i glirio 'mhen i.'

'Roedd Arthur yn dal yn heddwas hyd 21 Gorffennaf, 1963. Ar 22 Gorffennaf, wedi ymddeol o'i alwedigaeth fel plismon, dechreuodd ar ei waith fel teleffonydd ym Mhencadlys Heddlu Gwynedd ym Maesincla o dan y Prif Gwnstabl, Cyrnol William Jones Williams.

'Ac yno 'rydw i byth,' meddai. 'Pencadlys Rhanbarth A o Heddlu Gogledd Cymru ydi o rŵan. Mae nhw wedi moderneiddio hyn a'r llall a newid y *switchboard* ddwywaith ond yr un ydi'r 'stafell ac 'rydw i'n gallu mynd o gwmpas yr adeilad i gyd heb ddim trafferth o gwbl. 'Dydi hi ddim yn dywyll yno i mi.'

Mae llu o bobl wedi gweld Arthur wrth ei waith a rhyfeddu at ei ddull diffwdan o ymdrîn â'r holl alwadau a'i ddawn i gofio ugeiniau o rifau ffôn, yn eu plith Arolygwr ei Mawrhydi dros yr Heddlu. Fe ofynnodd hwnnw iddo a fyddai'n gwneud camgymeriad o gwbl, a chael yr ateb,

'Dydw i erioed wedi cyfarfod rhywun sydd heb wneud un.'

Mae llu hefyd wedi darllen y dyfyniad o eiriau'r Barnwr Hinchcliffe sy'n cyfeirio at ddewrder Arthur. Maen nhw ar wal y pencadlys, wedi eu llythrennu a'u fframio'n hardd i bawb eu gweld, pawb ond y teleffonydd.

Ail Godi'r Gaer

Mewn cerdd o deyrnged i Arthur yn Y Cymro (14.9.1961) dywed William J. Jones, Y Rhos,

> Gwrthod ffoi a rhoi yn rhad
> Ei olwg dros ei alwad.

Fe gollodd ei alwad hefyd, wrth gwrs, o ganlyniad i'r trychineb. Eithr o fewn cwta ddwy flynedd, fel y gwelwyd, 'roedd wedi ymgynefino â'i ddallineb i raddau helaeth iawn ac wedi llwyddo i sicrhau galwedigaeth newydd iddo'i hun. I'r rhan fwyaf o bobl byddai hynny wedi bod yn ddigon. Eithr nid un i fodloni ar gyflawni ei swydd naw tan bump a threulio'r gweddill o'i amser yn ei gornel yn gwneud basgedi neu'n darllen llyfrau Braille a hiraethu am a fu oedd Arthur. Yn hytrach aeth ati i lenwi ei fywyd â'r fath amrywiaeth o weithgareddau a diddordebau nes

> . . . creu synnu fyth ar synnu
> Yn nhrigolion gwlad goleuni

—os maddeuir yr hyfdra ar emyn David Charles.

'Roedd ei frwdfrydedd heintus a'i flas ar fyw yn amlwg o'r cychwyn cyntaf. Mae ei ffrind, Idris o Abergynolwyn, yn cofio'r diwrnod yr aeth y ddau ohonynt am dro i Wern Biseg. Mae'r ffarm ymhell o'r ffordd fawr, a chyn dyddiau'r gridiau 'roedd nifer o lidiardau i'w hagor a'u cau ar y ffordd arw drwy'r caeau at y tŷ. Poen i unrhyw yrrwr. Ond nid felly'r diwrnod hwnnw. Fel 'roedd Idris yn agor pob llidiart 'roedd Arthur yn cymryd ei le wrth y llyw.

'Syth yn dy flaen rŵan, Arthur,' meddai Idris. Ac felly yr aed trwy'r llidiardau i gyd.

Byddai Arthur a'r teulu'n aros yn Nôl-goch am dipyn o wyliau mewn carafán yn y cae ac 'roedd Idris wedi gosod rhes o bolion a rhaff bob cam o'r garafan i'r tŷ, gryn dri chan llath o ffordd, fel y gallai Arthur fynd yn ôl a blaen heb gymorth. Yn ara deg mae mynd ymhell, meddai'r hen ddihareb, ac yn hanes Arthur fe welodd Idris a Nansi mor wir ydoedd hyn. Mae nhw'n cofio'i weld o'n ennill hyder o ddydd i ddydd; yn priddo tatws, o bopeth, un dydd, yn sgwrsio â hen ffrindiau ym marchnad Dolgellau, yn cyf-arwyddo Idris yr holl ffordd o Abergynolwyn i Landderfel i gartref Trebor, ei frawd, a hynny heb fethu tro. 'Roedd Trebor wedi troi hen ffridd ac yn awyddus iawn i ddangos y maip rhyfeddol oedd wedi tyfu arni ac i ffwrdd â'r tri i'w golwg. Wel, mae dyn dall mewn cae maip mor ansad â meddwyn ar risiau, a mawr yw'r hwyl wrth gofio am drafferthion Arthur y diwrnod hwnnw. Cyn wiried ag y byddai tristwch rhyw sefyllfa'n dod â deigryn i'r llygaid byddai hiwmor iach Arthur ei hun yn lladd y tosturi cyn iddo fo brin godi ei ben. Fel y tro hwnnw yn Nôl-goch pan oedd Arthur yn estyn ei law allan i deimlo pennau'r plant gan ddweud,

''Dewch mi weld faint 'dech chi wedi'i brifio,' a'r funud nesaf yn gafael am ganol eu mam a dweud

'Gad mi weld faint wyt ti wedi brifio rownd dy ganol, Nansi!'

'Roedd dyddiau chwarae pêl-droed Arthur ar ben, wrth gwrs, a gofid mawr iddo oedd na fedrai gicio pêl-droed efo Gareth byth mwy. Ond ni chollodd ei ddiddordeb yn y gêm. Pan ddaeth adref o'r ysbyty, cyn mynd i Torquay, aeth i Wrecsam i gefnogi ei hoff dîm yng nghwmni Gareth ac un o'i ffrindiau.

Yng nghefn y stand yn Wrecsam 'roedd cwt bach arbennig lle byddai dau wirfoddolwr yn rhoi sylwebaeth o bob gêm gartref ar gyfer ei ddarlledu i'r ysbytai lleol. Cafodd Arthur wahoddiad i ymuno â hwy, ac er ei bod hi'n gyfyng, câi flas ar wrando ar y sylwebaeth a theimlo ei fod yn rhan o'r dorf.

"Roedd hynny'n well o lawer na bod gartref yn gwrando ar y radio,' meddai.

Y tro nesaf iddo ymweld â'r maes, yn ystod seibiant o'r ganolfan adfer, fe soniodd wrth ei ddau ffrind yn y cwt bach am y clustffonau oedd gan Glwb Pêl-droed Torquay ar gyfer y deillion.

'Wel, dyna syniad gwych, Arthur. Cyn y dôi di yma eto mi fyddwn ninne wedi gwneud yr un peth.'
Ac yn wir, erbyn y tymor dilynol 'roedd Clwb Wrecsam wedi rhoi hanner dwsin o seddau arbennig i'w cefnogwyr dall hwythau gael eistedd ymysg y dyrfa a gwrando ar sylwebaeth yr un pryd.

'A dyna gychwyn bach ar wneud rhywbeth i agor llygid rhywun arall,' meddai Arthur.

Bu'n dilyn y gemau am flynyddoedd a theithiodd i Wembley a Chaerdydd lawer gwaith, ond erbyn hyn, oherwydd yr holl fandaliaeth a hwliganiaeth ymhlith carfan o'r cefnogwyr, mae pêl-droed wedi colli peth o'i rhin iddo. Mae'n teimlo hefyd fod yr arian mawr sy'n newid dwylo wedi bod yn andwyol i'r gêm.

'Mae 'ne sôn am chwaraewyr yn cael arian yn eu sgidie pêl-droed ac ati. Wel, ddaeth y Santa Clos hwnnw erioed heibio i mi, diolch byth am hynny.'

Erbyn hyn mae'n llawer gwell ganddo rygbi, er mai ar ôl iddo golli ei olwg y dechreuodd ddilyn y bêl hirgron o ddifrif. 'Roedd bachgen o'r Porth, Rhondda, John Evan Samuel, wedi dod yn blismon i Lanuwchllyn ac wedi cyd-chwarae ag Arthur yn nhîm pêl-droed yr heddlu a'r ddau wedi dod yn dipyn o ffrindiau. Ar ôl iddo golli ei olwg 'roedd John wedi gofyn iddo droeon, 'Beth am ddod i Gaerdydd?' Ac yn y diwedd fe aeth. Erbyn hynny 'roedd Gwyn Erfyl a Lisa'n byw yn y Brifddinas a byddai Arthur a John yn cael aros ar eu haelwyd bob tro y byddent yn cael mynd i Barc yr Arfau. O dipyn i beth dechreuodd Arthur fynd cyn belled â Twickenham yng nghwmni rhai eraill o'i gydweithwyr oedd wedi dal yr un clwyf, ac yno yn 1972 y cyfarfu â Jeff Thomas a chriw o fechgyn o Rydaman. 'Roedd Jeff yn aelod o'r C.I.D. yn Nyfed, ond bachgen o Lanaman oedd o'n wreiddiol, yn aelod o gapel Brynseion pan oedd Gwyn Erfyl yn weinidog yno ac yn gyd-aelod o'r Ysgol Sul yno gyda Dai Davies, golgeidwad Cymru ac Abertawe. Pan ofynnodd Jeff am eirda gan ei weinidog cyn ymuno â'r heddlu 'roedd Gwyn wedi gofyn iddo,

'Wel, Jeff bach, wyt ti'n meddwl ei fod o'n beth doeth iti ymuno â'r heddlu?'

'Pam?'

'Mae gen i frawd-yng-nghyfraith oedd yn aelod o'r heddlu, a thair blynedd yn ôl mi gafodd o ei saethu a mae o'n ddall byth ers hynny.'

Ond ymuno wnaeth Jeff. Ac ar ddiwrnod y gêm yn Twickenham 'roedd o wedi adnabod Arthur oddi wrth y ffilm deledu a gynhyrchodd Gwyn ar gyfer Teledu Harlech, *One Dark Morning*, y fersiwn Saesneg o'r un welwyd ar 'Dan Sylw', ffilm a wnaed ddeng mlynedd ar ôl y digwyddiad erchyll ym Mhont-ar-Ddyfi. 'Roedd Jeff a'i gyfeillion yn daer am i'r Gogleddwyr fynd i aros atynt i Rydaman y tro nesaf y byddai gêm ryngwladol yng Nghaerdydd.

'Dyma dderbyn y gwahoddiad,' meddai Arthur, 'ac os oes un lle yng Nghymru lle mae croeso, Rhydaman ydi hwnnw. A 'ryden ni'n dal i fynd, ond yn aros mewn gwesty erbyn hyn rhag pwyso gormod ar ein ffrindie.'

Er na chafodd y boddhad o drafod pêl yn ymarferol gyda'i fab, cafodd oriau o bleser o'r trafod geiriol ac wrth ddilyn campau Gareth fel aelod o dîm rygbi Ysgolion Gwynedd a Gogledd Cymru ac o dîm Coleg y Normal a Chaernarfon wedi hynny. Llawenydd iddo yw gwybod hefyd fod meibion Trebor, y pedwar ohonynt, yn cadw enw da'r teulu fel peldroedwyr ym Mhenllyn, gyda thri ohonynt yn chwarae i dîm Y Bala gyda'i gilydd.

Un arall o ddiddordebau awyr agored Arthur yw cerdded mynyddoedd. Mae Gareth yntau'n hoff iawn o ddringo, a phan ddaeth gwahoddiad i Arthur ymuno â chriw o hogiau o Gartref y Deillion St. Dunstan a oedd â'u bryd ar ddringo Cader Idris 'doedd dim angen gofyn ddwywaith. A Gareth wrth ei ochr bob cam o'r daith 'doedd dim rhaid pryderu. Dringodd i ben y Gader droeon ar ôl hynny ac i ben yr Wyddfa.

'Mae mwy nag un wedi gofyn i mi reit smala, "I be 'rwyt ti'n dringo mynyddoedd? Pa gysur wyt ti'n gael mewn gêm bêl-droed? Faint haws wyt ti o ymweld â gerddi? Dwyt ti'n gweld dim."

"O, ydw," fydd f'ateb inne, "trwy lygaid ffrind. Ydw."

Ac mi fydda i'n ceisio annog pobl i fynd â phartïon o ddeillion allan i'r wlad. Mae pobl yn tueddu i weld yr anabledd ynoch chi yn lle gweld y gallu, ac mae llawer yn methu â sylweddoli fod y synhwyrau eraill yn cryfhau mewn person dall.'

Yn hanes Arthur mae datblygiad y synhwyrau eraill yn amlwg i unrhyw un sy'n treulio orig yn ei gwmni. Gall arogli siop ffrwythau o'r palmant. Gall deimlo'r toriad yn yr awel wrth iddo gerdded heibio i bolyn. Mae'n adnabod person wrth sŵn ei droed a modur wrth sŵn ei beiriant, ac mae blaenau ei fysedd mor sensitif ag eiddo crythor wrth iddo deimlo ffurf a llun y byd o'i gwmpas.

Un tro, ac yntau'n aros yng Ngwesty Clifton yn Nolgellau fe glywodd sŵn car yn mynd drwy'r dre tua thri o'r gloch y bore. Drannoeth dywedodd wrth Wil 82, ei gyfaill a oedd ar ddyletswydd ar y sgwâr yn ystod y nos,

134

22. 1963. Llaw gyfarwydd ar y switsfwrdd.

23. Aeth Lowri ac Elin Parry, Amanda Williams ac Eleri Wyn Jones o'r Groeslon ati i gasglu arian at Gronfa Cŵn Tywys y Deillion wedi i Lowri weld Arthur ac Ooloo yng Nghaernarfon.

24. 'Cafodd ddiddanwch ym "mhethe" ei genedl . .' Eisteddfod Llandudno, 1963.

25. Eisteddfod Abertawe 1982. O'r chwith: Mari Lewis, Wil Morus, Arthur Rowlands, Yr Archdderwydd Jâms Nicolas, Iorwerth Roberts, John Owen.

26. Gareth yn arwain ei dad a rhai o ddeillion St. Dunstan i ben Cader Idris.

27. ''Roedd 'ne lun ohono yn y papur â genwair bysgota yn ei law . . .'

28. Arthur yn ŵr gwadd yn Nhrehopcyn, Pont-y-pridd, gydag aelodau o Gôr Cerdd Dant Caerdydd. Wrth ei ochr mae ei chwaer, Lisa Erfyl, Arweinydd y côr.

29. Olive, Carol a Huw — a 'Taid' yn M.A. Er Anrhydedd.

'A'th Gwyn Erfyl drwadd neithiwr.'

'Na, 'dw i ddim yn meddwl,' meddai Wil. 'Welis i mo'no fo.'

'Do. Glywes i sŵn ei gar o'n dwad dros y bont ac yn newid gêr. Gwyn oedd o, iti.'

Ac Arthur, o'i wely, oedd yn iawn. 'Roedd Gwyn wedi bod yn beirniadu yn Sir Aberteifi ac *wedi* mynd trwy Ddolgellau yn oriau mân y bore yn ei hen Wolsley ar ei ffordd adref i Drawsfynydd.

Ond rhaid dychwelyd at y diddordebau. Mae'n hoff o wrando ar gerddoriaeth o bob math ac yn cael cysur mawr gyda rhaglenni radio a theledu ac o'r llyfrau llafar a baratoir ar gyfer y deillion. Bydd yn derbyn Sain Clwyd, sef cylchgrawn casét y deillion bob mis yn ogystal â chylchgrawn deillion De Cymru. Mae hefyd yn un o'r hanner dwsin sy'n cyfrannu ei bwt o newyddion i CLONC, y cylchlythyr ar dâp a gychwynnwyd gan Wyn Lloyd, Caerdydd.

Rhoes gynnig ar chwarae golff. 'Roedd un o'i gydweithwyr wedi gweld un o'r chwaraewyr proffesiynol yn hyfforddi gŵr dall ar y teledu a gofynnodd i Arthur tybed a fuasai yntau'n hoffi rhoi cynnig arni.

''Roedd pobl yn rhyfeddu 'mod i'n medru taro'r bêl o gwbl, ond fel yr eglurodd fy ffrind, 'doeddwn i ddim yn codi ngolwg i edrych ble 'roedd hi'n mynd, fel mae rhywun sy'n gweld yn tueddu i wneud, ac felly 'roeddwn i'n medru sefyll yn llonydd a chanol-bwyntio. Mi hoffwn i brofi nad ydi o ddim yn amhosib. Ond wrth gwrs, mae'n rhaid dibynnu ar ffrind.'

Fe hoffai roi tro ar fowlio hefyd a chwarae sgitl a lluchio dartiau, pethau y cafodd flas arnynt yn Torquay, ond fel y mae'n cyfaddef, 'Fedrwch chi ddim gwneud pob peth.' Ac wrth ddweud hynny, sôn am ddiffyg amser y mae Arthur, nid am ddiffyg gallu, gan mai rhan o'i gredo yw y medr y dall wneud popeth o'r bron, a go brin y byddai neb a'i gwelodd yn trin yr enwair yn amau hynny. Yr hyn sy'n rhyfeddol yw mai ar ôl iddo golli ei olwg y dechreuodd bysgota o ddifrif ac mai trwy hap a damwain, fwy neu lai, y cyfarfu â'r gŵr a gydiodd yn ei law a'i arwain, yn llythrennol, at y dŵr.

'Roedd Dyfrig Williams o Ddinas Mawddwy yn ddisgybl yn Ysgol Ramadeg Dolgellau pan oedd Arthur yn aelod o'r heddlu yn y dref, ond fel pêldroediwr yn nhîm Dolgellau ac yn nhîm y Bermo'n ddiweddarach y daethai'r heddwas i'w sylw.

'Rhaid imi gyfadde,' meddai Dyfrig, 'fy mod i, fel pawb arall, wedi cael braw pan ddarllenes i hanes y ddamwen ym Mhont-ar-Ddyfi ac yna sylweddoli mai'r sawl a saethwyd oedd y gŵr cyhyrog a'r cefnwr cadarn a adwaenwn flynyddoedd ynghynt.

Beth amser yn ddiweddarach 'rydw i'n cofio darllen yn y papur ei fod o'n dod i weithio i Gaernarfon. 'Roeddwn inne, erbyn hyn, yn byw ac yn gweithio yno. 'Roedd 'ne lun ohono yn y papur a genwair bysgota yn ei law yn sefyll yn yr afon y tu isa i'r bont yn y Bala a nodyn yn dweud mai pysgota oedd un o'i hoff ddiddordebe. Cyd-ddigwyddiad hollol oedd fy mod inne wedi colli 'mhen yn lân ar bysgota ac ar y pryd yn Ysgrifennydd Cymdeithas Bysgota Seiont, Gwyrfai a Llyfni.

"Wyt ti'n meddwl," medde fi wrth Olwen, fy ngwraig, "y buase'r plisman dall 'ma'n hoffi mynd i 'sgota?" Hithe'n ateb mai'r unig ffordd i gael gwybod oedd mynd i ofyn iddo fo.

Efallai y dylwn i egluro mai 'sgota am sewin y byddwn i'r adeg honno, a chan mai'r nos oedd yr adeg orau i'w dal teimlwn y buase gan Arthur gystal siawns â minne i lwyddo.

Dyma fynd i'w weld ac wedi imi egluro fy neges ei ateb oedd,

"Os wyt ti'n gêm i fynd â dyn dall i bysgota, 'dw i'n gêm i ddod efo ti."

A dyna ddechre cyfeillgarwch sydd wedi parhau hyd heddiw, er i mi symud o Gaernarfon i'r Wyddgrug ym 1966.

Ar y dechre 'roedd Arthur, fel buasech chi'n disgwyl, ychydig yn llet'with gan na wyddai be i'w wneud na lle i fynd, ond buan iawn y daeth i sylweddoli ei fod o'n medru cystadlu'n gyfartal â'r rhai oedd yn gweld, ac i ddal ei gyfran o bysgod. Mewn dim amser fe wyddai sut i osod ei enwair, y lein a'r blaenllinyn. Daeth i 'nabod tirwedd glannau'r afonydd a'r llynnoedd ar ei gof a gwn fod ganddo ddigon o hyder i fynd i bysgota rŵan ar ei ben ei hun ond i rywun ei arwain at yr afon.

'Rydyn ni wedi treulio llawer awr yng nghwmni ein gilydd yn pysgota'r Seiont a hawdd iawn oedd anghofio fod Arthur yn ddall gan nad oedd hynny'n dramgwydd iddo fo.'

Fel y tystia Arthur, 'roedd gan Dyfrig ddigon o amynedd. Byddai'n disgrifio pwll yn fanwl ac yn dangos sut i gastio'n syth o'i flaen a gofalu peidio â chael lein rhy hir rhag ei bod hi'n mynd i lawr yr afon a chlymu yn lein y pysgotwr agosaf ato.

'Fydde ambell un yn ddigon cas, yn deud geirie mawr os bydde rhywun yn digwydd bachu a drysu ei lein o, yn enwedig os bydde gynno fo 'sgodyn! 'Roedd 'ne lawer o goed rhododendrons o gwmpas y Llyn Du ac 'roedd Dyfrig wedi 'nysgu fi i fod yn ofalus rhag tynnu'r lein yn rhy bell yn ôl wrth gastio rhag bachu yn rheini, a pheidio â lluchio'n rhy bell ar draws ne fyddwn i'n sownd yn y coed 'r ochr arall. Fydde'r diweddar Dafydd John (John David Williams), hogyn o Ben Llŷn, efo ni'n aml iawn, ynta'n dysgu, a fydde Dafydd byth a hefyd yn sownd yn y coed ne yn ei jersi. Sôn am hwyl! Fydden ni wrthi am orie. Ambell i noson fyddwn i'n dal dim ond un a Dyfrig yn cael hanner dwsin. Noson arall Dafydd John yn dal.

'Roedd 'no lygod mawr yn berwi yn Llyn Du a
'doedd fyw ichi roi 'sgodyn o'ch llaw. Odd rhaid ichi
ei roi o mewn basged ne mewn bag a chadw hwnnw ar
eich cefn ne fase fo wedi mynd. Un noson mi ges i
andros o fraw. 'Roedd y lleuad wedi codi a ninne
wrthi ers meityn. Siŵr bod hi tua dau o'r gloch bore.
Dyma ryw floedd fwya annaearol wrth f'ochr i,

"Wy-y-y-y!"

Dyfrig. Feddylies i ei fod o 'di cael trawiad ne rwbeth.

"Dew, wyt ti'n o'reit?" me fi.

"Ydw rŵan," medde fo. "Llgoden fawr yn mynd
dros fy 'nhroed i!"

Mae'n debyg eu bod nhw wedi mynd heibio i minne
ugeinie o weithie heb imi wybod.

'Rydw i'n cofio un noson, pan odd Gareth yn fach,
'roedd o eisio dod efo ni i weld, a'i fam ddim yn
fodlon iawn.

"Edrycha i ar ei ôl o," medde Dyfrig, "ac mi ddo' i
â fo'n ôl cyn iddi fynd yn hwyr iawn."

A mi ddoth. 'Roedd 'no gryn ddwsin ohonon ni'n
sgota a phrin ddwylath rhwng pob un. 'Roedden nhw
yno i gyd, D. T. Williams a Bob Price Jones a rheina.
(Fuo D.T.'n pysgota nes oedd o'n 90 oed.) 'Roedd
Dyfrig gryn bellter odd'wrtha i.

"Gwaedda, Arth, os cei di 'sgodyn," medde fo.
"Ddo' i yna i dy helpu di."

Dyna lle 'roedden ni i gyd yn ddiwyd. Neb wedi dal.
Yr ail waith i mi gastio, yn sydyn dyma blwc. Gareth
yn rhedeg at Dyfrig.

"Dad wedi cal 'sgodyn!"

'Roedden ni ar ben y geulan ac 'roedd yn rhaid cael
rhwyd i'w godi o o'r dŵr — 'sgodyn da, deubwys a
chwarter.

Wrth gwrs, 'roedd Gareth eisio mynd adre'r munud
hwnnw i'w ddangos o i'w fam. 'Roedd o allan o'r car

ac yn y tŷ bron cyn i Dyfrig stopio! Dad wedi dal, yndê, a'r lleill i gyd yn gweld.

Aeth Dyfrig â'r lwc a'r pysgod efo fo pan symudodd o i'r Wyddgrug. Mae gynna i ddyled fawr iddo fo.'

Trwy ei gyfaill, Dyfrig, cyfarfu Arthur â llawer o aelodau'r Clwb Pysgota. Cafodd ei wneud yn Is-Lywydd Anrhydeddus ac mae'n fawr ei glod i'r pysgotwyr am eu caredigrwydd tuag ato ef yn bersonol ac am eu parodrwydd i helpu'r anabl bob amser.

'Ddoth 'ne ddyn dall o Sussex, David Jennings a'i wraig i Gaernarfon ar eu gwylie. 'Roedd o wedi clywed 'mod i'n 'sgota ac yn awyddus i ddysgu, a'i wraig o eisio dysgu hefyd er mwyn medru mynd efo fo. Dyma drefnu iddyn nhw aros am wely a brecwast (padi a sgram yn iaith y cofi) y drws nesaf i mi. Fe fuo'r Clwb yn help mawr, yn gofalu bod rhywun yn mynd efo ni, gan ofalu am ddau berson dall, bob dydd — Huw Dulyn a Huw Williams, John Cotton a Wil Dic — pawb yn helpu yn eu tro.

'Rydw i'n cofio mynd efo John Cotton i'r Cwellyn. David â diddordeb mawr ond 'doedd gynno fo ddim syniad, heb bysgota erioed. Dyma wisgo'r wedars a mynd i'r llyn at ein pen'glinie. Egluro i David bod yn rhaid iddo bysgota'n syth o'i flaen i ganol y llyn, a thynnu i mewn.

''Sdim eisio iti symud o gwbl. Os cei di 'sgodyn 'rwyt ti'n bownd o'i deimlo fo'n tynnu. Er mwyn bod yn saff cer di'n ôl at y lan efo fo.''

Duwc, dyma fi'n dechre dal — a fedra i byth egluro'r lwc sy'n dod i 'sgotwr weithie, y pysgod fel se nhw'n dwad atoch chi bron. Odd hi'n noson dda i mi, a David yn meddwl 'mod i'n 'sgotwr gwych. Finne'n deud wrtho fo am ffeirio lle efo fi, a wir, fasech chi'n taeru bod y pysgod yn symud efo fi! Ta waeth, yn sydyn dyma lein heibio 'mhen i. Pwy gebyst—?

"David . . . Be wt ti'n drio'i 'neud?"

"Wel, be wyt ti'n neud yng nghanol y llyn?" medde fo wrtha i.

Finne heb symud. A be odd wedi digwydd — 'roedd David wedi bod yn symud rhyw fymryn o hyd. Wrth droi ei ben ata i i siarad 'roedd o'n tueddu i droi ei gorff hefyd — a phan siarades i 'roedd o'n meddwl mai fi oedd wedi symud. 'Roedd o wedi colli ei gyfeiriad yn llwyr, a hynny yng nghanol yr afon. Odd o'n lwcus mai fi odd 'no. Odd o wedi mynd yn sownd yn fy lein i! Hwyl, 'te!

John Cotton wedyn yn cerdded efo ni at y llyn, pawb â'i wedars wedi eu troi i lawr at y pen'glinie. Paratoi'r genweirie ac i mewn â ni. Yn sydyn dyma sŵn sblashio gwyllt a geirie mawr o gyfeiriad John.

"Be 'di mater, John?"

Wedi anghofio codi'r wedars ac wedi mynd drostyn nhw! A Mair, ei wraig, yn deud wedyn,

"F'aset ti'n meddwl mai fo sy'n ddall!"

Cymaint o hwyl efo nhw i gyd. 'Roeddwn i'n gallu cario 'mlaen efo'r peth oeddwn i'n hoffi ei wneud cynt, ac iddyn nhw mae'r diolch.'

Wrth alw eu hail fab yn Arthur go brin y rhoddodd Rice a Mary Rowlands ystyriaeth o gwbl i ystyr yr enw. Ond o edrych yn ôl 'roedd rhywbeth yn rhyfeddol o broffwydol yn y dewis. P'run ai'r bonyn Celtaidd 'arth' neu'r un Gwyddeleg yn golygu 'carreg' a dderbynnir, yr un math o briodoleddau yn union sydd i'r enw — dewrder di-ofn, cryfder, cadernid a gwytnwch, nodweddion a ddaeth yn amlwg iawn ym mhersonoliaeth Arthur Rowlands. A dyma'r union nodweddion a amlygir mewn dwy deyrnged dra gwahanol iddo, un gan ei gyfaill o Sais a oedd yn un o brif swyddogion yr heddlu a'r llall gan ei frawd-yng-nghyfraith sy'n Annibynnwr o Gymro.

Bu'r cyn-Dditectif Gomisiynydd Cynorthwyol, John du Rose yn ffrind cywir i Arthur hyd ddiwedd ei oes. Cafodd ef ac Olive a'u ffrindiau, Hubert a Mair, aros am wythnos yn ei dŷ haf yn Dorset. Yn ei lyfr *Murder Was My Business* (W. H. Allen, 1971) y mae'r gŵr hwn a gyfrifid yn dditectif gorau Prydain, o'i brofiad maith o bron i ddeugain mlynedd yn yr heddlu, yn tystio mai Arthur oedd y dyn dewraf a adnabu erioed, ac wrth sôn am ei ddewrder, nid cyfeirio'n unig at y modd yr wynebodd y gwallgofddyn ym mis Awst 1961 y mae, ond at y modd yr wynebodd fywyd ar ôl hynny, heb surni na chasineb o gwbl tuag at yr un a'i saethodd. (Yn wir, erbyn hyn, tosturio drosto a wna Arthur, gan ddweud,

''Tase fo'n iawn fase fo ddim wedi gwneud yr hyn 'nath o. Mae hi'n waeth arno fo nag ydi hi arna i, on'tydi?')

Dathlu buddugoliaeth ddewr bywyd dros angau, y gwâr dros yr anwar, ffydd dros anobaith a goleuni dros dywyllwch yn hanes ei frawd-yng-nghyfraith y mae Gwyn Erfyl yn ei bryddest, Y Bont.

Ond ni chafodd Angau dy golyn o fywyd
Nac Annwfn y nos dy fflam o einioes
Nac Anobaith, dy ffydd.

. . . .

Dal a wna'r gwâr wrth y dalar a ddrylliwyd
A chodi, fel plentyn, y darnau a dorrwyd.
Ail yfed o fywyd, ail godi'r gaer
Fel y Pensaer a'i fenter yntau.

Y Cyfryngwr

'Dywed i mi, Arthur, ydyn nhw'n medru trawsblannu llygaid?'

''Dwn i ddim. Pam?'

'Wel, mae gynna i ddau, n'does, a dim un gen ti.'

Trebor, y brawd sy bron fel efaill iddo, oedd yn holi yn fuan wedi i Arthur golli ei olwg. Nid ei frawd oedd yr unig un i gynnig chwaith. Fe anfonodd carcharor o dywyllwch ei gell i ddweud ei fod wedi sylweddoli oferedd ei fywyd ei hunan, ac ychwanegu yr hoffai wneud rhyw fath o iawn trwy roddi ei lygaid i Arthur. Ond o'r funud y dywedodd y meddyg yng Nghas-gwent na welai byth mwy 'roedd Arthur wedi derbyn nad oedd gwyrth i fod ac 'roedd y gair 'gweld' wedi dechrau magu ystyr cwbl newydd iddo.

> ''Roedd rhywun yn raddol yn ei addasu ei hun i fyw yn y t'wllwch, byw yn y t'wllwch ac eto'n gweld,' meddai.

A 'doedd a wnelo ei lygaid plastig ddim â'r gweld hwnnw.

Un tro, wedi i'r teulu symud i Gaernarfon, aeth Gwyn a Lisa a'u plant i edrych amdanynt. 'Roedden nhw wedi siarsio Angharad, y fechan, i beidio â dweud dim am lygaid Yncl Arthur rhag ofn ei dramgwyddo, wedi ceisio rhoi ar ddeall iddi fod ganddo lygaid, ond eu bod nhw 'fel llygaid doli, wsti, ddim yn medru gweld.' Yn ystod yr ymweliad 'roedd

142

Arthur yn ymwybodol fod rhywun yn chwarae ar lawr wrth ei draed.

'Pwy sy 'na?' gofynnodd.

'Angharad.'

Fe wyddai ei bod hi'n edrych i'w wyneb a thoc, yn llawn gonestrwydd y diniwed, meddai Angharad,

'Yncl Arthur.'

'Ie.'

'Yncl Arthur — llygid doli s'gynnoch chi, yndê?'

Heddiw, un o'r pethau sy'n rhoddi'r boddhad mwyaf iddo ydyw i rywun anghofio ei fod yn ddall, ac mae hynny'n digwydd hyd yn oed i rai o'i berthnasau agosaf. Pan oedd H. R. Jones, ei frawd-yng-nghyfraith o Ddolgellau, yn ceisio dweud wrtho'r ffordd i fynd i rywle aeth ati i wneud map bach iddo ar damaid o bapur, ac Arthur wrth gwrs, wrth ei fodd. Ac yntau wedi gwylio Arthur yn symud o gwmpas ei gartref mor ddibetrus, hawdd y gellid maddau i H.R. am anghofio. Mae Llwyn-y-gog, fel Dôl-goch ac aml i gartref arall, yn 'dŷ golau' i Arthur oherwydd ei fod yn cofio lleoliad y drysau a'r dodrefn yno, oherwydd ei fod yn gwybod hefyd fod yno bobl sy'n deall, sy'n gofalu nad oes petheuach wedi eu gadael hyd y llawr i'w faglu, nad oes drws hanner agored i'w daro yn ei wyneb.

Petai'r stori'n gorffen yn y fan hon byddai hanes adferiad Arthur, ei ddewrder a'i benderfyniad, ei hiwmor a'i ffydd, yn werth ei adrodd pe na bai ond fel symbyliad i eraill mewn sefyllfa gyffelyb i

'Ail yfed o fywyd, ail godi'r gaer,'

ac i atgoffa'r gweddill ohonom i werthfawrogi ein breintiau. Eithr nid dyna ddiwedd y stori, fel y dengys yr englyn a ganlyn o waith beirdd Llangwm (Talwrn y Beirdd, Radio Cymru):

> Er ei dynged, ymledu—a wna'i wên
> O nos ei anallu,
> A'i law wen yn ffordd i lu
> O dywyllwch y dallu.

Dros gyfnod o ugain mlynedd bu Arthur wrthi, yn ddiarbed a diflino, yn helpu eraill. Yng ngeiriau Gwyn Erfyl eto, fe droes ei fywyd yn 'fath o genhadaeth'.

Cychwynnodd y genhadaeth yn araf bach wedi iddo ddechrau ar ei waith yng Nghaernarfon. Wrth ffarwelio ag Arthur ac Ooloo ar ddiwedd y cwrs yn Leamington Spa soniodd pennaeth y ganolfan y buasai'n falch petai'n cydsynio i helpu ychydig ar Gymdeithas Cŵn Tywys y Deillion, sy'n gymdeithas wirfoddol yn dibynnu'n llwyr ar gyfraniadau'r cyhoedd, trwy fynychu ambell i gyfarfod yng Ngogledd Cymru a derbyn arian ar eu rhan a dweud gair o ddiolch, ac efallai fod yn barod i roi rhyw sgwrs fach.

'Wel, 'doeddwn i ddim yn credu 'r adeg honno y gwnawn i,' meddai.

I berson dall arall, David Morgan o Fae Trearddur, Ynys Môn y mae'r diolch am ei gychwyn yn y gwaith.

Pan ddaeth Arthur adref o'r ysbyty i Dŷ Uchaf, wedi deall ei fod am gael ci tywys, aeth David a'i briod a'i gi labrador ei hunan yr holl ffordd o Fôn i edrych amdano er nad oedd yn ei adnabod o gwbl.

'Pan ddoi di i fyw i Gaernarfon,' meddai, 'fe fydd yn rhaid inni drefnu i gyfarfod ein gilydd. Cychwyn di o Gaernarfon ac mi gawn ni gyfarfod yng Ngwalchmai!'

Nid felly'n union y digwyddodd, ond bu David ac Arthur yn cyd-gyfarfod laweroedd o weithiau ar ôl hynny. 'Roedd David wedi cychwyn cangen o'r Gymdeithas Cŵn Tywys ym Môn a gwahoddwyd Arthur i fod yn aelod o'r pwyllgor. Byddai David yn cael ei wahodd i siarad am y gymdeithas ac o dipyn i beth dechreuodd Arthur fynd ar fin nos i'w helpu a'i gwneud hi'n act ddwbl, gyda David yn dal i sôn am y gymdeithas ac Arthur yn sôn am y cŵn. Cyn bo hir 'roedd Arthur yn mynd allan i siarad ar ei liwt ei hun a galw mawr amdano oddi wrth bob math o gymdeithasau.

'Lle bynnag 'rydw i'n mynd 'rydw i'n gwneud ffrind,' meddai Arthur, 'ffrind sy'n barod i helpu.'

A'r ffrind y tro hwn oedd Norman Dyson, bachgen o Gaernarfon yn wreiddiol, ond un yr oedd Arthur wedi dod i'w adnabod tra 'roedd yn cadw siop radio a theledu yn Nhywyn. Pan ddychwelodd i Gaernarfon i fyw 'roedd o'n un o'r ychydig bobl yno yr oedd gan Arthur ddarlun clir o'i wyneb.

'Mae 'ma gymaint o bobl nad ydw i erioed wedi eu gweld,' meddai. 'Mae gynna i bictiwr dychmygol yn fy meddwl, ond hwyrach nad ydi o ddim byd tebyg i'r un cywir!

Mi gynigiodd Norman fynd efo fi. 'Roedd gynno fo daflunydd. Fyddwn i'n cael benthyg ffilm gan y gymdeithas ac 'roedd o'n help mawr i mi gael rhywun fel fo i ddangos honno'n gynta. Fyddwn inne'n ymhelaethu wedyn, ac mi fydde Ooloo efo ni bob amser. Fuo Norman efo fi mewn dwsine o gapeli a festrïoedd a neuadde. 'Roedd o'n dawel o ran natur, yn gwbod sut i helpu heb ffwdanu. Fydde Ooloo mor falch â ninne o gael paned ar y diwedd a gynted ag y bydde hi'n clywed sŵn llestri mi fydde'n ei gwneud hi am y gegin!'

Caent groeso ym mhobman a chyfraniad tuag at Gymdeithas y Cŵn Tywys fel rheol. Ychydig iawn o drysoryddion fyddai'n 'anghofio' 'r achos ar ôl i Arthur ddweud ei bod yn costio dros fil o bunnau i hyfforddi pob ci ac mai arian a dderbynnir gan y cyhoedd sy'n talu am bob un. Ni ofynnir i'r dall dalu dim mwy na 50c. wrth dderbyn ci a 'dydi'r llywodraeth yn cyfrannu 'run ddimai tuag at y gwasanaeth. Bu Ooloo farw yn 1974 a daeth Ulay i gymryd ei lle. Erbyn hyn mae hithau'n gloff ac yn analluog i wneud ei gwaith fel ci tywys.

Wrth annerch byddai Arthur yn cael cyfle i ddiolch am y caredigrwydd a dderbyniodd ef yn bersonol pan gollodd ei olwg ac yn bwysicach na dim, byddai'n cael cyfle i sôn wrth bobl am yr anabledd a sut i ymddwyn yng nghwmni person dall.

'Mae'r pethe bach yn bwysig,' meddai. 'Dweud pwy sy'na, er enghraifft, pan fyddan nhw'n eich cyfarch chi.'

Naw gwaith allan o bob deg bydd Arthur wedi adnabod llais mewn chwinciad, ond nid yw hynny'n gwneud iawn am y troeon pan fydd y peth yn troi'n fath o gêm unochrog, anghysurus.

Sylwodd yn fuan iawn, wrth annerch aelodau'r gwahanol fudiadau, mor bwysig yw i siaradwr dall gael bwrdd o'i flaen. Er bod ganddo ef ei hun synnwyr cyfeiriad eithriadol o dda a'i fod yn medru dal i siarad tuag at ei gynulleidfa heb fod yn ei weld, gŵyr hefyd mor hawdd yw troi ychydig heb gysidro. Gŵyr am siaradwr dall un tro yn gorffen ei araith â'i gefn at y gynulleifa yn annerch y wal. Petai bwrdd o'i flaen fyddai hynny ddim wedi digwydd.

Erbyn hyn mae Arthur wedi ehangu ei orwelion ac yn gweithio, nid yn unig dros y deillion, ond yr anabl yn gyffredinol yn ogystal, ac mae'n manteisio ar bob cyfle i siarad drostynt.

''Dydi'r anabl, at ei gilydd, ddim angen cydymdeimlad. Help mae nhw ei angen, ac mae 'ne gymaint o bethe bach y medr pob unigolyn ei wneud. Torri gair efo nhw, er enghraifft, petai'n golygu dim ond dweud, ''Sut mae heddiw?'' Mi wn i ei bod hi'n anodd. Fydda i'n teimlo'n aml iawn fod yn rhaid i mi dorri drwy'r rhew a'r hyn fydda i'n wneud fel rheol ydi defnyddio hiwmor. Mae'n bwysig ein bod ni'n cadw hwn. Mae'n syndod cymaint o help ydi o i wneud i rywun deimlo'n gartrefol yn eich cwmni chi.'

Un peth sy'n mynd dan groen Arthur yn fwy na dim ydi clywed rhywun yn gofyn i Olive,
'Ydi Arthur yn cymryd siwgr a llefrith?'
yn union fel 'tase fo'n fud a byddar. Ateb Olive, wrth gwrs, fydd,
'Mae o'n gallu siarad digon. Mi fedr ateb drosto'i hun.'

146

A chri o galon un sy'n gwybod yw ei apêl ar i bob unigolyn ac awdurdod wneud popeth yn ei allu i helpu'r dall a'r anabl, ond gan gofio mai bodau cwbl normal ydynt hwythau a chanddynt deimladau, anghenion a dyheadau fel pob un arall ac mai pethau diffrwyth iawn yw tosturi a chydymdeimlad oni bai eu bod yn arwain tuag at gymorth ymarferol.

Cyhoeddodd Arthur ei neges yn groyw o Gaergybi i Gaerdydd, yn Gymraeg a Saesneg o flaen cynulleidfaoedd bach a mawr ac mae'n dal yn destun syndod iddo ef ei hun ac i lawer o'i hen gydnabod ei fod yn medru codi ar ei draed i siarad yn gyhoeddus o gwbl. Mae'n ddiamau fod y cyn-Uwch-Arolygydd W. J. Glasfryn Lewis yn mynegi teimlad llawer un pan ddywed,

'Mae gynna i edmygedd mawr iawn tuag ato fo oherwydd y ffordd y mae o wedi dod dros y peth ofnadwy a ddigwyddodd iddo fo a chymaint o help mae o wedi bod i bobl eraill ar y radio, ac wrth roi sgyrsie mewn cymaint o lefydd a chodi arian at achosion da. Mae rhyw dalent wedi dod i'r amlwg ynddo fo na fasech chi ddim wedi ei 'nabod ynddo fo o'r blaen.'

Cip ar y dalent newydd hon a welodd pobl y Parc pan ddychwelodd Arthur yno fel llywydd eisteddfod flynyddol y capel. Tristwch oedd yn llenwi calon llawer un yn y gynulleidfa wrth wylio'r Arthur a gofient yn darllen ystadegau'r Ysgol Sul yn llefnyn dibryder, yn awr yn gorfod teimlo'i ffordd i'r sêt fawr. Ond buan yr oedd gwên yn gymysg â'r dagrau wrth iddo eu hatgoffa o'r tro arall hwnnw y bu iddo sefyll o'u blaenau.

''Rydw i'n cofio cymryd rhan fel amryw sydd wedi gwneud heno,' meddai, 'choeliech chi byth — yn canu penillion! O, do, mi ganes i am y tro cynta a'r tro ola yn y fan yma. 'Doeddwn i'n gweld neb na dim o 'mlaen y noson honno — Hy! a dyma fi — yn gweld neb na dim heno chwaith.'

Un o anrhydeddau mawr ei fywyd fu cael ei wahodd i draddodi Neges Ewyllys Da yr Urdd i'r byd o Gapel y Parc ym Mlwyddyn yr Anabl 1981.

Treulia Arthur lawer o'i amser yn pwyllgora. Mae'n Is-gadeirydd Cymdeithas y Deillion Gogledd Cymru ers deng mlynedd ac yn aelod o Gyngor Cymreig y Deillion. Bu'n aelod o Gyngor Cymru i'r Anabl, ond oherwydd anawsterau teithio chwe gwaith y flwyddyn i Gaerdydd mae wedi gorfod rhoi'r gorau i hwnnw erbyn hyn.

Un o'r pethau sy'n rhoi mwyaf o foddhad iddo yw'r modd y mae cartref y deillion, Llys Onnen, Abergele, yn datblygu'n ganolfan adfer yn ogystal â bod yn gartref, er gwaetha'r sefyllfa economaidd sy'n llesteirio datblygiadau o'r fath. Er cystal yw'r cyfleusterau yn Torquay ar gyfer rhywun sy newydd golli ei olwg mae'r cwrs a gynigir yno'n golygu gadael cartref am gyfnod o dri mis. Mae modd mynd i Lys Onnen am ddiwrnod, neu am wythnos ar y tro a mynd adre i fwrw'r Sul. Gellir dysgu gwyddor tŷ i'r deillion yno, y pethau bach mwyaf angenrheidiol, gwneud gwelyau, coginio ac ati, ac mae yno fflat fach o fewn yr adeilad a chegin a phopeth ynddi fel bod yr hyfforddiant yn digwydd mewn awyrgylch mor debyg i gartref ag sy bosibl. Mae Arthur yn falch dros ben ei fod wedi cael cyfle i helpu i hyrwyddo'r datblygiadau hyn.

Gorchwyl amhosibl yw amcangyfrif pa sawl mil o bun- noedd a godwyd tuag at achosion da trwy ymdrechion Arthur. Mae wedi hen golli cyfrif ar nifer y sgyrsiau a'r anerchiadau a roddodd ar hyd y blynyddoedd, ac er ei fod yn ymwybodol o werth y siarad cyhoeddus mae'n sylweddoli hefyd mor werthfawr yw'r cysylltiad personol â'r unigolyn ar ei aelwyd. Fel y gall llawer un dystio, mae Arthur yr un mor barod i ymweld â'r deillion yn eu cartrefi i rannu profiadau neu i'w helpu i ddefnyddio llyfr llafar ag ydyw i annerch cynulleidfa. Trwy ei waith fel darlledwr daeth ei agosatrwydd cynnes yn adnabyddus ar aelwydydd Cymru benbaladr. A'r gŵr a gafodd gyfle da i'w adnabod, y cynhyrchydd radio,

Elwyn Jones, sy'n sôn am ei brofiadau gydag Arthur yn y stiwdio ym Mangor.

'Er ei fod o'n un o oruchwylwyr sain mwya profiadol y Gorfforaeth Ddarlledu, 'doedd Tom erioed wedi gweithio ar "Canllaw'r Deillion" o'r blaen. Fel 'roedd un eitem yn dod i ben, a finne am i Arthur gyflwyno'r eitem nesa, medde fo — fel 'roedd o wedi dweud filoedd o weithiau o'r blaen wrth ddarlledwyr eraill — "Iawn, Arthur, ar y golau gwyrdd te." Cyn gynted ag y dywedodd o'r frawddeg, mi sylweddolodd ei fod wedi gwneud camgymeriad. Plannodd ei ben yn ei ddwylo, a sibrwd,

"Mam bach—be 'dwi 'di ddeud—sori, Arthur."
Ond 'doedd dim rhaid iddo boeni oherwydd meddai'r llais bariton o'r stiwdio,

"Fedra'i ddim Tom—'rydw i'n *colour blind* 'sti."

Mewn chwinciad, 'roedd arabedd cynhenid Arthur, a'i ddawn i chwerthin yn ysgafn ar ben ei gyflwr, wedi tawelu euogrwydd ac annifyrrwch fy nghydweithiwr. Unwaith eto 'roedd hiwmor a phersonoliaeth hoffus Arthur Rowlands wedi gorchfygu yn y stiwdio, 'run fath ag mewn sawl man arall.

Rhaglen Saesneg oedd y rhaglen gynta wnaethon ni hefo'n gilydd. 'Roedd hi'n Nos Calan a finne'n gyfrifol am fyfyrdod Saesneg ar Radio Pedwar, *Lighten our Darkness*. Fedrwn i ddim meddwl am well ffordd i gysuro neb ar ddechrau blwyddyn na thrwy adael i Arthur ddeud ei hanes, a chanolbwyntio'n arbennig ar y ffordd ddewr y bu iddo ddygymod â'i amgylchiadau ar ôl iddo gael ei saethu a cholli ei olwg. Dywedodd ei stori'n syml ac 'rwy'n gwybod, o'r llythyrau dderbyniais i wedyn, i'r rhaglen honno fod yn ysbrydoliaeth i lawer. Wrth siarad â fo noson y recordiad y dois i'w nabod gynta, ac i'w weld fel cyflwynydd posibl i raglen Gymraeg ar gyfer y

Deillion. Wedi ymgynghori â'r Parchg. Glyn Meirion Williams, Ysgrifennydd Cymdeithas y Deillion yng Ngogledd Cymru, dechreuwyd rhifyn misol o'r rhaglen, "Canllaw," ar gyfer y deillion toc wedyn. Bu'n rhan o raglenni Radio Cymru bellach ers saith mlynedd.

Fel cyflwynydd radio, 'roedd gan Arthur gymaint o'i blaid o'r cychwyn — llais cyfoethog, hawdd gwrando arno, llifeiriant geiriau, tafodiaith gadarn Sir Feirionnydd, chwilfrydedd plismon a'r ddawn i holi, onestrwydd sy'n gwrthod gadael iddo dderbyn atebion amwys i'w gwestiynau, diddordebau eang, anwyldeb ei bersonoliaeth, ac yn fwy na dim, profiad o ddallineb a oedd yn rhoi awdurdod i'w eiriau. Ond 'roedd ganddo nifer o bethau i'w dysgu wrth gwrs. Er iddo siarad yn gyhoeddus droeon, 'roedd gofyn iddo ddysgu sgwrsio yn lle annerch. Er iddo ateb cwestiynau sawl gwaith ar y radio, 'dydy'r gallu i ateb cwestiynau ddim o anghenraid yn gwneud holwr da. Buan iawn y meistrolodd o'r ddwy grefft, ond 'roedd un broblem yn aros — sut i gysylltu un eitem wrth y llall. Mae gan y rhan fwya ohonom ni sy'n cyflwyno rhaglenni sgript neu nodiadau o'n blaen. 'Doedd hynny, wrth gwrs, ddim yn bosibl i Arthur. Y syniad cynta oedd iddo ddefnyddio Braille. Mae'r meicroffon, fodd bynnag, yn offer sensitif iawn, a mi fyddai'n anodd colli sŵn y bysedd yn llithro dros y llythrennau ar y papur. Gellid derbyn hynny, ond buan y cês ar ddeall, mai un o'r ychydig sgiliau nad yw Arthur wedi ei feistroli'n llawn yw Braille. Yr unig ffordd, felly, oedd dibynnu ar y cof. A dyna wnaethom o'r cychwyn. Mi fyddwn i'n nodi trefn yr eitemau ar gasét, yn awgrymu'r cyflwyniad i bob un, Arthur wedyn yn troi'r cyflwyniadau i'w ffordd o'i hunan o siarad, ac wedyn yn eu dysgu ar ei gof y

150

noson cyn recordio'r rhaglen. Tipyn o gamp, ond mae'n llwyddo'n rhyfeddol.

Heb amheuaeth, Arthur yw un o'r darlledwyr mwya poblogaidd sy'n dod atom i Fangor. Yn naturiol, ar y cychwyn 'roedd gan y technegwyr gydymdeimlad mawr tuag ato, ond buan y trodd y cydymdeimlad yn barch. "Pwy sydd hefo ni heddiw?" fydd ei gwestiwn cynta wedi iddo gyrraedd y stiwdio. Yn aml iawn y bechgyn eu hunain fydd yn ateb, ac yna'n cerdded i'r stiwdio am sgwrs. Siarad, tynnu coes, chwerthin, holi hynt a helynt fydd wedyn am y deng munud cynta. Wedyn ati o ddifri. Ar ddiwedd recordiad, aeth Arthur erioed o Fangor heb ddiolch i'r un fu'n gyfrifol am droi'r geiriau yn rhaglen.

Daeth y ddau ohonom yn gyfeillion agos dros y blynyddoedd. Dysgais gymaint oddi wrtho, ac y mae gen i'r fath edmygedd ohono. Un noson ar ein ffordd o'r stiwdio fach yn Neuadd Hafren 'roedd rhywun wedi diffodd y golau ar hyd y coridor hir a'r grisiau serth sy'n arwain o'r stiwdio. 'Doedd gen i ddim syniad ble 'roedd y 'swits' i gynnau'r golau.

"Be sy'n bod?" gofynnodd Arthur.

"Mae'n dywyll fel y fagddu yma," meddwn innau.

"O!" meddai Arthur, "rho dy law ar f'ysgwydd i, a mi wna' i dy arwain di. Rydw i'n nabod y grisiau ma'n well na thi, sti!"

A felly y dois i allan o'r adeilad y noson honno — Arthur yn fy arwain i. Dyna symbol o'n perthynas, a symbol hefyd, gobeithio, o'r rhaglen radio y mae Arthur yn ei chyflwyno.'

Yn 1978 cafodd Arthur y fraint fawr o ddychwelyd i Ddolgellau, i'r dref lle y cychwynnodd ar ei waith fel heddwas, i agor yn swyddogol Bencadlys Is-adrannol yr Heddlu yno. 'Roedd wedi gwireddu'n anrhydeddus broffwydoliaeth y diweddar Brif Gwnstabl, Richard Jones wrth ei dderbyn yn 1946 pan ddywedodd, 'Mi gawn ni ddeng mlynedd ar hugain allan o hwn.'

Yn ystod y deng mlynedd ar hugain hynny, mae calendr bywyd Arthur fel petai wedi troi o amgylch yr Eisteddfod Genedlaethol, a chymaint a oedd o bwys yn ei hanes wedi digwydd cyn, yn ystod neu ar ôl rhyw Brifwyl neu'i gilydd. Cyfarfod Olive 'ar y ffordd adre o Fae Colwyn', priodi 'ar ôl 'Steddfod Dolgelle', geni Gareth 'ar ôl 'Steddfod Pwllheli', colli ei olwg 'wythnos cyn 'Steddfod y Rhos'. Ym Mlwyddyn yr Anabl cymwys iawn oedd i'r Eisteddfod anrhydeddu Arthur. Fe'i hurddwyd yn gyflawn aelod o'r Orsedd gan yr Archdderwydd Jâms Nicolas fore Iau, 6 Awst, 1981 ym Mhrifwyl Maldwyn a'i Chyffiniau. Yn wyneb haul, llygad goleuni, mor agos at Bont-ar-Ddyfi, urddwyd un a 'gyflwynodd ei fywyd mewn gair a gweithred i'r gwaith o addysgu'r cyhoedd i wynebu dallineb yn gadarnhaol.' Cyd-ddigwyddiad hapus oedd i Elwyn Jones, cynhyrchydd 'Canllaw', ofyn i'r bardd a oedd i gael ei gadeirio'r prynhawn hwnnw lunio englyn i gyfarch Arthur ar yr achlysur. Y Parchg. John Gwilym Jones, wrth gwrs, oedd y bardd a dyma'r englyn

> Lle gwelaist y frwydr un ffrwydriad — un dydd
> Yn dwyn dy ddau lygad,
> Heddiw fe gaiff d'ymroddiad
> A'th gadarn ffydd glodydd gwlad.

Ar Orffennaf 24, 1982 yng Ngholeg Prifysgol Dewi Sant, Llanbedr Pont Steffan, derbyniodd Arthur radd anrhydeddus M.A. Prifysgol Cymru. Wrth ei gyflwyno dywedodd Mr. Alwyn Roberts,

> 'Heddiw fy mraint i yw cyflwyno gŵr i'w anrhydeddu ar sail ei orchest yn goresgyn ei drychineb personol a'i droi'n foddion i wasanaethu ei gyd-ddyn.
> . . . Bydd rhai ohonom yn gwybod am yr amynedd, y penderfyniad a'r dewrder a ddangosodd wrth

ail-greu ei fywyd, wrth feistroli'n boenus y tasgau a gymerid unwaith yn ganiataol ac wrth ymladd y frwydr unig yn erbyn hunandosturi ac anobaith. Bydd llawer ohonom yn gwybod am ei ddarlithio a'i ddarlledu, am y cysur a roes, trwy ei esiampl, i eraill a ddioddefodd, a'r modd y bu iddo esbonio ystyr dallineb i'r gweddill ohonom . . .

Gŵr o Feirion yw Arthur Rowlands ac y mae cryfder y Sir honno yn rhan o'i gymeriad. Cafodd ddiddanwch ym "mhethe" ei genedl, yn ei chrefydd ac yn ei chân. Bu cymdeithas ei phobl yn glos amdano. Yn ei dro, trwy ei ddarlledu a'i ddarlithio, fe gyfoethogodd yntau ei bywyd ac y mae heddiw yn dwyn anrhydedd ei Phrifysgol.

Cymrodd yr hynaf o'n Prifysgolion *"Fiat luce"* — "bydded goleuni"—yn arwyddair. 'Rydym ninnau heddiw yn llawenhau am fod goleuni wedi dod o dywyllwch, ac wrth anrhydeddu Arthur Rowlands 'rydym yn cadarnhau'r ffydd honno.

"Bydded goleuni, a goleuni a fu." ' "

Ar 'Canllaw', yn dilyn y seremoni yn Llanbed canodd Alwyn Samuel gerdd o deyrnged i Arthur. John Gwilym Jones, eto, piau'r geiriau.

> A wyt ti'n cofio'r llwybrau
>   A welaist ar dy hynt,
> A chofio'r llu wynebau
>   Welai dy lygaid gynt?
> Fe weli bellach lawer mwy
> Na ddaeth erioed i'w golwg hwy.
>
> A wyt ti'n cofio canfod
>   Hen aelwyd a hen fro
> A'r bêl ar gaeau'r Bala
>   Feistrolaist lawer tro?
> Meistrolaist bellach gryfder gras
> 'Rôl gweled ffawd yn chwarae'n gas.

A wyt ti'n cofio'r broydd
Fugeiliaist ddyddiau fu,
Gwylio hen breiddiau Meirion
A'r ambell ddafad ddu?
Ar arall fro y troes dy fryd
A'th braidd yw deillion Cymru i gyd.

Mae d'enaid di yn gweled
Yn Seilo ar y Sul
Fwy lawer nag a welwn
Ninnau â'n golwg gul;
A chlywed gwaedd dy chwerthin iach
Sy'n cywilyddio'n hofnau bach.

Mae'r Olive sy'n dy ymyl
Yn olewydden wiw,
A'i darpariadau cynnil
Yn drylwyr ac yn driw;
Fe welaist drysor mwy mewn merch
Na welir byth drwy lygaid serch.

Fe welodd Cymru bellach
Ddewrder yr Arthur hwn;
Ond nid y dewrder unnos
Ar noson gas y gwn,
Ond dewrder mwy, sy'n cario'i loes
Drwy ganol nos sy'n nos am oes.

Brawddeg a glywir yn fynych iawn o enau Arthur, wrth iddo geisio cyfleu ei werthfawrogiad cywir o gymorth a chyfeillgarwch cynifer o bobl, yw 'Mae arna i ddyled fawr iawn iddo fo.' Eithr gyda balchder tawedog y cyfeiria at gyfraniad Olive, Carol a Gareth.

'Fues i am hir,' meddai, 'yn meddwl, wel, fedra i ddim bod y tad oeddwn i wedi fwriadu ei fod i'r plant. Ond wrth edrych yn ôl 'rydw i'n teimlo eu bod nhw wedi bod yn dda wrtha i, wedi fy nerbyn i, wedi derbyn tad oedd wedi colli ei ôlwg. Fel 'roedden nhw'n dod yn hŷn, 'roedden nhw fel 'tase nhw'n deall ac yn llwyddo i helpu heb i mi sylweddoli cymaint oedden nhw'n ei wneud, a dyna'r gyfrinach. Faswn i wedi hoffi medru cymryd mwy o ran ymarferol yn eu bywyda nhw, wrth gwrs, chwarae efo nhw ac edrych ar eu gwaith ysgol nhw ac ati.

'Rydw i'n cofio imi gael sgwrs fach dadol efo Gareth pan oedd o tua dwy ar bymtheg oed. Dim ond fo a fi yn y tŷ. Ceisio trosglwyddo rhai o'r cynghorion a roddwyd i minne gan fy nhad a'm mam a cheisio deud sut 'roeddwn i'n teimlo.

"Tria fod yn gymhedrol ym mhob peth," medde fi, "a mi fyddi di'n o agos i dy le. 'Dwn i ddim sut dad ydw i wedi fod iti . . ."

"Peidiwch â deud dim, Dad," medde fo. "'Dech chi wedi bod yn dad *first-class,* wedi cymryd diddordeb ym mhopeth oeddwn i'n neud."

'Roedd o'n hoff o gerdded a dringo mynyddoedd, nofio, pysgota chware rygbi, a mae o wedi gwneud yn llawer gwell na fi er na fedres i helpu dim arno fo.

Carol wedyn, bob amser mor ofalus o'i thad. Y ddau wedi bod yn help mawr a bob amser yn onest efo fi. 'Rydw i'n falch ofnadwy ohonyn nhw a faswn i'n dymuno i bawb gael plant 'run fath â nhw.

Ond i Olive mae'r diolch mwya, wrth gwrs. Hi aeth drwy'r profiad o fod yn fam a thad iddyn nhw am gyfnod maith.'

Arwydd o lwyddiant Arthur ac Olive fel rhieni yw iddynt fagu eu plant heb iddynt erioed ystyried eu tad yn wahanol i dad plant eraill na meddwl amdano fel un ag arno angen help o hyd. Cawsant ryddid i fwynhau plentyndod ac ieuenctid normal, ysgafnfryd.

'Ar ôl gadael cartref,' meddai Gareth, 'a sylwi ar ddeillion eraill sydd heb addasu cystal, y dechreues i sylweddoli un mor arbennig ydi Dad.'

155

Wedi cwblhau cwrs diploma mewn astudiaethau busnes bu Carol yn gweithio i Gynghorau Sir Gwynedd a Chlwyd. Mae hi'n briod ac yn byw yn Ninbych gyda Brian, ei gŵr, a'u dau blentyn bach. Mae Gareth, ar ôl cyfnod fel athro yng Nghricieth ac yn crwydro tipyn ar y byd, yn gweithio gyda'r B.B.C. yng Nghaerdydd. Ond mae'r ddau'n cadw cysylltiad clos â'u rhieni yng Nghaernarfon, fel y gwna gweddill teulu Arthur, Lisa yn Rhuthun, Trebor, Winifred a Mair Rhys yng nghylch Penllyn, a'u tad, Rice Rowlands sy'n dal i fyw yn Wern Biseg gyda'i ferch-yng-nghyfraith a'i wyrion. Bu farw Dafydd John, y brawd ieuengaf, oedd yn ffermio gartref gyda'i dad, yn 1981.

Mewn portread o Arthur a gyhoeddwyd yn y *Radio Times* dywedodd yr Athro Gwyn Thomas,

'Mae yna ryw oleuni sy'n ysbrydoli dyn yn tywynnu o'r gŵr arbennig iawn yma.'

Wrth gydnabod y dewrder, y penderfyniad, y sirioldeb a'r cryfder ysbryd sy'n nodweddu ei gymeriad, priodol yw talu'r deyrnged uchaf i'r un a fu'n gefn ac yn gysur iddo, i'r 'Olive sy'n ei ymyl,' yr un a *fu* yn ei ymyl drwy gydol yr oriau tywyll. Mae llewyrch ei phersonoliaeth hithau yn rhan o'r 'goleuni' y soniodd Gwyn Thomas amdano.

Wrth gyflwyno Arthur i gynulleidfa un tro cyfeiriodd y Parchg. John Roberts at y llythrennau G.M. ar ôl ei enw,

'G.M.,' meddai, 'yw *Great Man.'*

A dyna un o'i gyfeillion bore oes yn y Parc wedyn, Mair Trebor Roberts, yn dweud,

'Mae'r ddamwain erchyll yma wedi gwneud dyn mawr o Arthur.'

Maria yn *Twelfth Night* sy'n dweud fod rhai'n cael eu geni'n fawr, rhai'n cyrraedd mawredd, a rhai y mae mawredd yn cael ei wthio arnyn nhw. Rhyw gyfuniad o'r ail a'r trydydd gyda phinsiaid go dda o ddylanwad teuluol a diwylliannol ei gefndir ym Meirion a geir yng nghymeriad Arthur. Ond y mae ceisio darganfod cnewyllyn y mawredd fel syllu trwy galidosgob. Un funud ceir cip sydyn ar un wedd